河南省高等职业学校青年骨干教师培养计划（项目编号：2020GZGG092）

基于RPA技术财务机器人的
应用与研究

董昕 著

西南财经大学出版社
中国·成都

图书在版编目(CIP)数据

基于 RPA 技术财务机器人的应用与研究/董昕著.—成都:西南财经大学出版社,2023.7
ISBN 978-7-5504-5753-9

Ⅰ.①基…　Ⅱ.①董…　Ⅲ.①财务管理—专用机器人—研究
Ⅳ.①F275②TP242.3

中国国家版本馆 CIP 数据核字(2023)第 078408 号

基于 RPA 技术财务机器人的应用与研究

JIYU RPA JISHU CAIWU JIQIREN DE YINGYONG YU YANJIU

董　昕　著

策划编辑:冯　梅　乔　雷
责任编辑:乔　雷
责任校对:高小田
封面设计:张姗姗
责任印制:朱曼丽

出版发行	西南财经大学出版社(四川省成都市光华村街 55 号)
网　　址	http://cbs.swufe.edu.cn
电子邮件	bookcj@swufe.edu.cn
邮政编码	610074
电　　话	028-87353785
照　　排	四川胜翔数码印务设计有限公司
印　　刷	四川五洲彩印有限责任公司
成品尺寸	170mm×240mm
印　　张	10.5
字　　数	156 千字
版　　次	2023 年 7 月第 1 版
印　　次	2023 年 7 月第 1 次印刷
书　　号	ISBN 978-7-5504-5753-9
定　　价	68.00 元

前　言

在信息技术快速发展的今天，传统财务已经不能满足企业发展的需要，财务需要从"账房先生"转变为企业数字神经系统，更好地支持企业的经营和发展。财务要转型，需要完成三个阶段的变化。

第一阶段，完成财务的工业化革命，建立财务共享服务中心。企业需要将分散、基础的财务工作集中起来，进行专业化、标准化和流程化的再造。财务共享服务，是财务转型的组织基础、管理基础和数据基础。不能系统化的管理是不能持续的，不能量化的管理是无法改进的，所以，企业只有对财务业务进行工业化改造，才能够实现财务再造。

第二阶段，操作与管理分离，建立战略财务和业务财务。要让战略财务成为企业的"情报部"，为公司高层作决策提供正确情报。要让业务财务深入企业价值链，为不同经营单元管理提供财务支持。在共享服务的支持下，形成"共享服务、业务财务、战略财务"的财经管理体系，支持企业经营管理，将数据变成信息，转化成知识，凝结成智慧。

第三阶段，实现财务数字化转型，成为企业的"数字神经系统"。随着企业的发展，业务活动越来越复杂，和利益相关者的连接越来越广泛。企业在经营过程中产生了大量的数据，财务部门的价值在于获取这些海量数据，描绘企业的价值图谱，包括但不限于供应商网络、客户网络、员工、专利、技术储备等。财务要能量化企业与利益相关者连接的强度、频次、金额，实现对企业价值的评估。

财务要实现上述三个阶段的转变，需要两个基础：第一个基础是财务要实现信息化、自动化到智能化的转变；第二个基础是财务人员自身的转型。

计算机的产生促使会计走向电算化，提高了单体财务的计算能力和存储能力。互联网促进了财务共享的产生，改变了企业财务的组织形式和流程形式。企业建立财务共享服务中心，共享服务带来的规模化和流程化给财务自动化提供了基础。我们看到，"财务机器人"最近几年被广泛提及。"财务机器人"是机器人流程自动化（robotic process automation，简称RPA）技术在财务中的应用。

RPA技术既为业务流程自动化提供了新技术路径，也显著提高了工作的精确度和事务处理效率，适用于具有清晰规则的重复性流程，而企业的财务共享服务中心存在着大量的类似业务流程。

财务机器人、财务共享服务和财务转型是"点—线—面"的关系：财务转型是"面"，是财务整体的转型再造；财务共享服务是"线"，是财务流程的重构与优化；财务机器人是"点"，是财务流程节点上的自动化应用。

机器究竟会不会代替财务人员？我的答案是，不会。因为机器的目标是更好地辅助人工作，而不是代替人。未来，会以最佳方式将人与机器结合在一起，将资源重新部署到价值更高的工作中去。企业应用财务机器人，最终的目标也不应该仅仅着眼于代替人完成部分重复的手工操作，而是在提升业务效率、实现流程自动化的基础上，让财务人员去从事更有价值的活动，更快地完成交易处理、更好地利用财务数据、更广泛更深入地参与到企业的经营与管理中。财务机器人给会计行业带来的变革，不是简单地淘汰会计人员，而是促使他们及时主动转型。

财务人员的未来不是灰暗的。但是，财务一定要转化成"智能化"的财务，这个智能不仅仅指智能识别、智能审核、智能分析等技术，而是财务人员观念的转变。财务人员要始于感知、精于计算、巧于决策、勤于执行、善于学习，而不仅仅把自己当成流水线上的工具。

未来的财务人员除了要精通财务以外，还要擅长管理、熟悉IT、洞察业务、了解公司战略，成为兼具会计、信息化、管理、金融等领域知识的综合性人才，满足时代和企业的需求。"大智物移云"时代的财务人员，需要有丰富的学习体验，需要接受广博的通识教育，会计这个职业的未来是信息化、自动化、数字化和智能化。"大智物移云"——大数据、人工智能、物联网、移动互联网、云计算等技术的快速发展，正在促使未来成为一个"万物互联、无处不在、虚实结合、智能计算、开放共享"的智能时代。在智能时代，数据成为企业的核心资产，财务部门应积极尝试新兴技术，能够更广泛、更智能地收集数据、加工数据和分析数据，实现财务数字化转型，帮助企业提升经营能力、洞察商机并预测未来。

机器人流程自动化，指通过使用用户界面层中的技术，模拟并增强人与计算机的交互过程，执行基于一定规则的可重复任务的软件解决方案。RPA技术也被称为数字化劳动力（digital labor），是数字化的支持性智能软件，完成了以往只有人类才能完成的工作，或者成为高强度工作的劳动力补充。RPA技术通过对人类操作的模拟以及对人类判断的模拟，能够具备数据的收集和整理、验证和分析、记录、协调和管理、计算和决策、沟通、报告等一系列功能。

财务机器人是RPA技术在财务领域的具体应用。财务机器人针对财务的业务内容和流程特点，以自动化代替手工操作，辅助财务人员完成大量单一、重复、烦琐的基础业务，从而优化财务流程，提高业务处理效率和质量，减少财务合规风险，使资源分配到更多的增值活动中，促进财务转型。

前文已提及，财务机器人显著提高了财务的精确度和事务处理效率，适用于具有清晰规则的重复性流程，而在财务共享服务中心有大量这样的业务流程。共享服务促进了财务机器人的发展，为RPA技术在财务领域的应用提供了良好的环境和天然的场景，财务共享服务中心产生流程和规则，而财务机器人在流程中更快、更可靠地应用规则。

本书基于"大智物移云"的时代背景，阐述了财务转型、财务共享服务和财务机器人的关系，结合财务机器人的技术原理和功能特点，分析了财务机器人适用的业务流程，并以实际案例加以具体说明，最后将其转化为可供操作的实施路径，是一本具备理论、实践和方法论的书籍。

本书立足于财务信息技术变化前沿，用通俗易懂的语言阐释了财务机器人的技术原理，并通过理论分析和实际案例说明了财务机器人的具体应用，总结出财务机器人部署实施的方法论，是理论性和实践性兼备的财务机器人实施指导书籍。本书适合企业管理者、财务人员、IT技术人员以及高等院校的财经专业学生阅读。希望本书的出版，能够对企业实现财务的自动化与智能化有所帮助，改变会计，再造财务。

董昕

2023年5月

目　录

第 1 篇　基础篇

第 2 篇　方法论篇

第 3 篇　实战篇

第 1 篇

基础篇

1 全面认识 RPA

1.1 RPA 概述

大数据、智能化、移动互联网、云计算和物联网正在促使未来成为一个"万物互联、无处不在、虚实结合、智能计算、开放共享"的智能时代。这些技术给人们的生产、生活带来了翻天覆地的变化，财务的第四次变革方兴未艾。云技术、流程机器人、可视化、高级分析、认知计算、内存计算和区块链是财务转型的技术支撑。财务职能将更多地侧重于决策并呈现出如下新趋势：提供数据驱动的决策支持、提供深入价值链的业务支持、提高生产率和工作效率、进行更有效的风险控制。

财务转型、财务共享和财务机器人是"面—线—点"的关系。财务转型是财务整体的变革再造；财务共享是财务业务流程的优化，是财务转型的第一步，其为财务机器人的运行提供了良好的环境和运行基础；财务机器人则是财务共享服务中心流程节点上的技术应用和优化，其将财务人员从大量、重复且机械化的工作中解放出来，得以从事更具价值和创造性的工作。

1.1.1 RPA 的概念

机器人流程自动化，即通过使用用户界面层中的技术，模拟并增强人与计算机的交互过程，执行基于一定规则的可重复任务的软件解决方案。

RPA 也被称为数字化劳动力（digital labor），是数字化的支持性智能软件技术，能够完成以往只有人类才能完成的工作，或者成为高强度工作的劳力补充。从功能上来讲，RPA 软件是一种处理重复性工作和模拟手工操作的程序，可以实现数据检索与记录、图像识别与处理、平台上传与下载、数据加工与分析、信息监控与产出五大功能；与其他应用程序相比，RPA 软件的特点主要有 24 小时机器处理、基于明确规则编写脚本、以系统外挂形式部署操作、模拟用户操作与交互动作（见图 1-1）。

24小时机器处理

基于明确规则编写脚本

以系统外挂形式部署操作

模拟用户操作与交互动作

图 1-1 RPA 的特点

现在，已有不少企业在办公领域采用 RPA 取代一些重复和烦琐的日常流程，包括财务管理、税务管理、合规管理、数据科技、金融、人力资源等领域。根据市场研究公司 Transparency Market Research 的研究，2017 年，全球机器人自动化市场规模达到了 11 亿美元，2018—2026 年，全球机器人自动化市场预计可实现 28.1% 的年复合增长率。

RPA 技术发展如此之快，其原因在于，企业渴望利用技术提升工作效率与质量，降低人工成本，而传统软件系统的开发需要选择一种程序语言，如 C++、Python 或者 Java 等，之后程序员需要全面、详细、逻辑严谨地从头编辑程序脚本。而 RPA 软件不同于传统的软件系统，其主要通过直接录制的方式捕捉用户的操作规则，不需要编辑程序。除此以外，与 IT 系统相比，RPA 投资回报周期短，成本低；与增加人力劳动的方式相比，RPA 软件可以为企业降低人工成本，减少出错率，如表 1-1 所示。

表 1-1　RPA 软件与增加人力劳动、IT 系统的对比

增加人力劳动	开发传统的 IT 系统	采用 RPA
需要集中培训，难度适中； 人工成本、管理成本、培训成本较高； 人员培训时间为 2~6 周； 投资回报周期为 2~3 年	需要聘请专家开发系统，难度较高； 软件开发成本高； 需要长时间地开发与调试，一般为 0.5~1 年； 投资回报周期为 3~5 年	流程编写较为简单，难度降低； 开发成本低； 不需要很长的开发时间，一般为 2~6 周； 投资回报周期少于 1 年

1.1.2　RPA 软件的功能

RPA 软件可以记录用户在计算机上的操作行为，并将这些操作行为转换成计算机可以理解和处理的语言，然后根据自身已建立的规则自动完成计算机上的工作。总体来说，RPA 软件可以实现以下功能：

①数据抓取。通过预先设定的规则，RPA 软件机器人可自动访问内外网，灵活获取页面元素，根据关键字段搜索数据，提取并存储相关信息。

②数据迁移。RPA 软件具有灵活的扩展性和无侵入性，可集成在多个系统平台上，跨系统自动处理结构化数据，进行数据迁移，检测数据的完整性和准确性，且不会破坏系统原有的结构。

③数据处理。对于原始的结构化数据，RPA 软件机器人可按照预先设定的规则自动处理数据，并对处理后的数据进行统计、整理等，从而得到满足个性化管理需求的数据信息。

④图像识别处理。RPA 软件机器人可依托 OCR（光学字符识别）对扫描所得的图像进行识别，进一步优化、校正分类结果，并对识别完成的文字信息进行审核与初加工，将提取的信息输出为能结构化处理的数据。

⑤数据上传下载。不同系统平台间常常需要传递数据及文件信息。RPA 机器人可模拟人工操作，自动登录多个异构系统，将指定数据及文件信息上传至特定系统，也可从系统中下载指定数据及文件信息，并按预设路径进行存储，或者进一步根据规则进行平台数据上传或其他处理。

1.1.3 RPA 的发展历程

1.1.3.1 技术发展阶段

RPA 发展至今主要经历了四个阶段：辅助性 RPA（assisted RPA）、非辅助性 RPA（unassisted RPA）、自主性 RPA（autonomous RPA）、认知性 RPA（cognitive RPA）（见图 1-2）。

①辅助性 RPA。在发展的 1.0 阶段，RPA 被称为虚拟助手，其主要工作目标是提高工作效率。这一阶段的 RPA 涵盖了机器人自动化的主要功能，部署在员工的个人电脑上，局限是难以实现端到端的自动化，不能成规模地应用。

②非辅助性 RPA。在发展的 2.0 阶段，RPA 被称为虚拟劳动力，其主要工作目标是实现端到端的自动化，以及虚拟员工分级。在此阶段，RPA 主要部署在 VMs（virtual memory system，一种虚拟内存系统）上，其主要特征是能够编排工作内容、集中化管理机器人、分析机器人表现。局限性是对机器人的控制和管理依旧需要人工，操作过程中需要改变用户的管理界面和系统。

③自主性 RPA。在发展的 3.0 阶段，RPA 的主要工作目标是实现端到端的自动化，以及成规模发展多功能的虚拟劳动力。在此阶段，RPA 主要部署在云服务器和 SaaS（software as a service，一种软件租赁使用模式）上，特点是实现自动分级、动态负载平衡、情景感知、高级分析和工作流，局限是处理非结构化的数据非常困难。

④认知性 RPA。4.0 阶段是 RPA 未来展望的一个阶段，涵盖了下一代 RPA 的所有功能，其主要运用人工智能技术和自然语言处理来分析非结构化数据，进行预先规范性的分析，自动编排多任务接收。

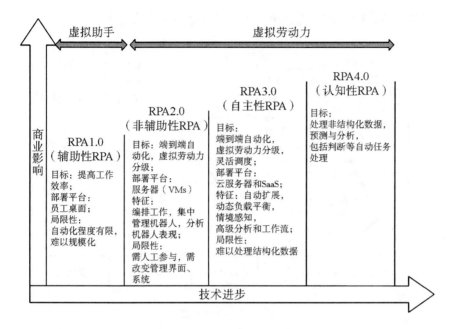

图 1-2　RPA 的四个发展阶段

1.1.3.2　技术成熟度曲线

除此以外，RPA 技术的发展也可以通过技术成熟度曲线（The Hype Cycle，简称 Hype 曲线）进行描述。Hype 曲线指新技术、新概念在媒体上的曝光度随时间变化的曲线。Gartner 公司将 Hype 曲线划分成五个阶段（见图 1-3）：第一个阶段是科技诞生的促动期，即触发期。在此阶段，媒体的积极报道使 RPA 技术的知名度变得非常高。第二个阶段是过高期望的峰值期，即期望膨胀期。早期公众的过分关注演进出了一系列成功的故事。对于失败的案例，有些公司采取了补救措施，但大部分公司对此却无动于衷。第三个阶段是泡沫化的低谷期，即幻灭期。当幻象破灭之后，RPA 技术已经进入了低谷，甚至做风险投资的人对此都没有了兴趣。第四个阶段是稳步爬升的光明期，即复苏期。在此阶段，新科技的诞生会在市面上受到主流媒体与业界的高度关注。第五个阶段是实质生产的高峰期，即成熟期。在此阶段，新科技产生的利益与潜力被市场实际接受，技术的工具、方法论经过数代的演进，进入了非常成熟的阶段。目前，按照 Hype

曲线的描述，RPA 技术处在第三个阶段和第四个阶段之间。

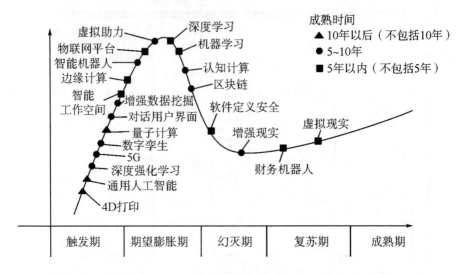

成熟时间
▲ 10年以后（不包括10年）
● 5~10年
■ 5年以内（不包括5年）

虚拟助力　深度学习
物联网平台　机器学习
智能机器人　认知计算
边缘计算　区块链
智能工作空间　增强数据挖掘　软件定义安全
对话用户界面
量子计算　增强现实　虚拟现实
数字孪生
5G
深度强化学习　财务机器人
通用人工智能
4D打印

触发期　期望膨胀期　幻灭期　复苏期　成熟期

图 1-3　Hype 曲线

经过数十年的发展，RPA 技术已经有了成熟的技术积累，目前在市场上也有专业的 RPA 公司。由此可见，RPA 并不是一个新兴的技术，它已经进入了成熟发展阶段。

1.1.4　RPA 软件的应用领域

1.1.4.1　RPA 软件的适用场景

RPA 软件是一种处理重复性工作、模拟手工操作的应用程序，它所适用的场景主要有以下特征：重复性高的业务、量大易出错的业务、7×24 小时的工作模式、多个异构系统。

①重复性高的业务。企业有很多流程固定的工作，需工作人员遵循明确的规则按部就班地完成，这类工作占用大量人力，但产生的效益不高，重复的工作容易消磨员工的积极性，这类工作恰恰适合 RPA 软件来完成。

②量大易出错的业务。在处理大量数据的过程中，人们需要投入较多的人力和时间，并且很容易产生错误。RPA 软件可以处理批量数据，速度快、准确度高，且节省人工成本。

③7×24 小时的工作模式。按照规定，员工工作时间通常为 8 小时/天，每周基本工作时长为 40 小时，但是 RPA 软件可以 7×24 小时工作，大大延长了工作时间。

④多个异构系统。在企业信息化建设过程中，各业务线的应用系统建设和数据系统实施具有阶段性，企业的异构数据源特别复杂，如果依赖人工完成这项枯燥、复杂、繁重的任务，不仅耗时、费力还容易产生错误。同时，由于缺乏统一的数据管理平台解决数据分散性问题，信息壁垒会造成"信息孤岛"，给企业进一步的信息整合和数据系统建设带来了极大的困扰。RPA 软件通过系统交互，设计独立的自动化任务，可以在异构系统间进行数据的共享与流转，同时对数据进行采集、迁移、输入等动作，解决了多个异构系统数据互联互通的难题。

1.1.4.2 RPA 软件的适用领域

RPA 可以助力多个业务领域，如财务、采购、税务、信息技术、客户服务、供应链、人力资源等。尤其在财务领域，RPA 软件适用于采购到付款、销售到收款、存货与成本、差旅与报销、资金管理、税务管理、预算管理、财务分析报告等多个真实财务工作场景。

（1）财务领域。

财务机器人是 RPA 技术在财务领域的具体应用。财务机器人在 RPA 技术的基础上，针对财务的业务内容和流程特点，以自动化代替手工操作，辅助财务人员完成交易量大、重复性高、易于标准化的基础业务，从而优化财务流程，促进财务转型。

①采购到付款。在采购到付款流程中，发票校验与单据处理方面，RPA 可以基于明确的规则进行三单（发票、订单、收货单）匹配、自动处理发票扫描结果、自动核对相关单据的真实性与准确性，为会计信息的及时性提供保障；付款方面，RPA 软件可以自动采集系统中付款申请单的付款信息，如付款账号、付款金额、付款事项，与网银对接，实现付款自动化。RPA 软件还可以在自动付款流程中再次设置核对环节，根据 RPA 软件自带的日志随时查看所有付款的详细信息。

②销售到收款。在销售到收款流程中，应收管理方面，RPA 软件可将应收账款明细账与银行流水对接，根据银行流水单或已认领的银行流水汇总表与应收账款明细账进行自动化核对，每日更新应收账款单据，及时反映客户回款信息；自动开票方面，RPA 软件对接开票软件，从系统中抓取销售数据与客户信息，一键式跨系统自动开票。

③存货与成本。在存货与成本流程中，RPA 软件可以自动录入成本统计指标，根据企业现有的成本分摊方法，自动在系统内进行成本费用的分摊。RPA 软件还可以结合企业存货盘点制度，自动在系统中录入盘点结果，生成盘点报告。

④差旅与报销。在差旅与报销流程中，RPA 软件可以自动进行发票信息核对（核对差旅报销单与发票类型、金额等）以及报销标准核查等操作。RPA 软件根据企业自行设置的报销标准，基于 OCR 技术及电子发票识别技术等，对员工的差旅报销单以及发票的真实性与合法性进行审核，并自动提交至付款系统。

⑤资金管理。在资金管理流程中，RPA 软件可以实现自动归集资金、资金计划信息的采集与处理和银行对账等功能。资金集中管理的集团公司可以每日一键归集所有子公司的银行资金，使资金计划信息的采集与处理有保障。RPA 软件还可以自动采集银行流水、银行财务账等数据进行核对，自动生成银行余额调节表。

⑥税务管理。在税务管理流程中，RPA 软件可以自动采集企业系统中所有的税务相关数据，将税务相关财务数据与业务数据进行核对，自动进行纳税申报。发票验真方面，RPA 软件可以自动登录发票验真平台，对企业归集的发票自动验真并出具报告。

⑦预算管理。在预算管理流程中，RPA 软件可以实现辅助预算自动编制、预算执行情况实时监测以及自动生成预算报告等功能。在预算编制的反复沟通、预算执行情况的上传下达以及预算报告的通报和反馈过程中，RPA 软件可以通过邮件自动化操作，帮助管理层、各部门进行高效沟通，省时省力，为预算管理中的上下级和各部门加强合作起到很好的推动作用。

⑧财务分析报告。在财务分析报告流程中，对于集团公司来说，RPA可以自动采集各子公司及分支机构的经营数据和财务数据，自动完成合并抵销，节省大量的人工时间，有助于及时出具财务分析报告，支持集团管理决策。

（2）其他领域。

除财务领域外，其他很多行业领域也可以采用 RPA 技术，比如金融行业、保险行业、零售行业、制造行业、电信行业、旅游行业以及医疗行业等。在不同的行业中，RPA 软件完成的工作不尽相同，但业务本质有着相通之处。

相关链接

德勤智能机器人

2016 年 3 月 10 日，德勤与 Kira Systems 联手，正式将人工智能引入财务工作，使财务管理进入一个全新的时代，几段"小勤人"（德勤机器人的昵称）帮助企业完成财务工作的视频引起了大家的关注。"小勤人"几分钟就能完成财务人员几十分钟才能完成的工作，且可以 7×24 小时不间断工作。现如今，德勤智能机器人中心与多家企事业单位合作，提供财务自动化流程解决方案。机器人提升了财务部门的工作效率，帮助财务人员完成了大量重复、规则化的工作。

（1）三四个小时完成一个财务人员一天的工作。

德勤智能机器人可以将财务人员从重复劳动中解放出来。财务人员只需要把增值税发票放入扫描仪中进行扫描，剩下的工作全部可由"小勤人"完成。配合 OCR 技术和 Insight Tax Cloud 发票查验云助手，在不到一分钟的时间内，"小勤人"已经成功查验了一张发票并在 Excel 表中登记了结果。然后财务人员将增值税发票移送到税务部门，税务人员会启动"小勤人"，让它自动去发票选择确认平台批量勾选需要下载的增值税发票，再根据刚刚登记的发票清单去匹配，自动判断是否可以认证、抵扣。"小勤人"会把需要勾选的发票整理成批量勾选上传文件，导入发票选择确认平台，这样就可以抵扣进项税。一个"小勤人"三四个小时就完成了财务人员一天的工作，使财务人员可以把精力放到日常沟通和数据分析中。

（2）开票效率提升 75%。

引入"小勤人"之后，机器人流程自动化技术的运用提高了财务人员配置的合理性和有效性，实现了人力资源和工作强度的"削峰填谷"。原有的开票人员可以从机械的工作者转变成机器人的管理者，原有的大多数开票操作都可以交给机器人完成，开票人员只需要等待发票打印完成、审核盖章即可。预计每个开票流程可由 20 分钟缩减到 5 分钟。此外，月末关账的峰值时段，"小勤人" 7×24 小时的不间断工作能够缓解财务人员的工作压力。

（3）往来结转和盘点新玩法，1 天做完 40 多人的工作。

某餐饮集团门店数量近 200 家，随着业务持续扩张，报销、收入确认、往来结转和月末盘点等流程的处理难度不断加大，效率较低，人工成本逐年增加；门店和共享服务中心财务人员合计近 200 人，由于还未形成统一标准化的管理，报销审核、收入对账的流程周期长，异常处理滞后。引入"小勤人"之后，月结周期开始的第一天，财务人员将收集到的门店盘点结果放在公共盘，维护好公司代码主数据，并给机器人专用邮箱发送作业开始的指令，5 分钟后第一家门店便结转完成，15 分钟后第一家门店的盘点被标记为已完成。机器人在工作日结束的时候发来邮件告知任务结束，附件包含所有生成的凭证。通过实施机器人自动化，企业可以减少门店向共享服务中心提交审核的流程，缩短财务处理周期，及时发现账实不符等异常情况，并及时响应。此举有助于实现门店的统一管理，优化财务处理流程，加强内控，提高整体财务服务水平。

1.2 RPA 产品介绍

1.2.1 RPA 产品架构介绍

RPA 软件是计算机编程软件，可以根据用户需求个性化定制工作流程。RPA 产品架构通常包括开发工作室（development studio）、机器人控制器（control center）、机器人（robot）。

（1）开发工作室。

开发工作室，也可以称为机器人设计器，用于开发人员对机器人执行的命令进行配置或设计编程，开发工作室要求开发人员具备相应的编程知识和技能。开发工作室的主要组成部分包括记录仪和插件/扩展应用。记录仪可以记录用户界面中发生的每一步操作，比如用户的鼠标点击操作和键盘输入操作等，记录仪是机器人可以在用户界面进行极速、准确操作的基础。开发工作室提供的许多插件和扩展应用为开发人员在用户计算机设备上配置和运行机器人提供了极大的便利，开发工作室能帮助机器人与用户计算机中的其他系统和程序进行交互。

目前，市场上大多数 RPA 供应商都提供了直观、功能丰富的开发环境，如可视化的中文设计界面、流程图式设计理念（通过拖拽相应的功能模块进行流程设计）。这些开发环境大大降低了 RPA 的设计、编程门槛，即使是没有 IT 基础的业务人员也可以进行一些简单的自动化流程的设计和基础配置。

（2）机器人控制器。

机器人控制器用于控制、部署和管理机器人。机器人控制器能够通过网络实时监视与控制机器人的运行情况，可以运行和停止机器人，形成、展示、分析机器人运行日志，对机器人进行维护或重新部署机器人，管理许可证和凭证等。

（3）机器人。

机器人通过各种组件实现命令的运行。按照需要人工干预的程度，机器人可以分为有人值守机器人、无人值守机器人和混合型机器人，这些机器人的特点和优势各不相同，但是各种类型的机器人并不互相排斥，用户可根据其实际需求选择不同类型的机器人来协同运行，以满足不同的项目需要。

有人值守机器人是指需要人工干预的机器人，其部署在用户的计算机或部门服务器上运行。有人值守机器人可以根据用户的需求个性化定制，由用户人工参与机器人的运行。有人值守机器人在用户计算机桌面上与人类用户并肩工作，像个人助理一样帮助用户完成日常任务。

无人值守机器人是指无须人工干预的机器人，其部署在用户的计算机或部门服务器上。无人值守机器人在后台独立工作，其运行既可以由活动、计划或事件触发，也可以由另一个机器人、机器人控制器或工作流程管理设备触发。无人值守机器人能够全天候、全自动地处理任务繁重、长期运行的流程，帮助简化后端流程。

混合型机器人是指有人值守机器人和无人值守机器人的组合，适用于需要大量用户交互的场景。混合型机器人结合了其他两种机器人的优势，在单一解决方案中为用户和后端处理提供强有力的支持。

相关链接

国美财务的 RPA 实践

把财务团队从 8 000 人压缩到 150 人，需要多少个财务机器人？国美集团（以下简称"国美"）的答案是 116 个。这么多财务机器人需要多久才能完成布局？答案是不到两年。

截至 2020 年 6 月底，国美在全国 1 000 多个城市拥有 3 500 家门店，集团分为 55 个分部，有 400 多个账套。推进线上线下融合之后，国美从一家单纯做家电零售的劳动密集型企业转向融合社交电商门店、国美门店、国美 App 综合流量端的整体方案提供商、服务解决商和供应链输出商，"家·生活"是国美目前的战略定位。

国美的 RPA 项目从 2018 年开始立项，从规划蓝图到实施上线只用了半年多的时间。此后，国美从分析预算型财务体系向决策支持型财务体系转型。2018 年 8 月 10 日，国美自主研发的财务机器人诞生，这是一个全新的开始。

国美的 RPA 项目从降本增效开始延展，对一些跨系统同步执行的烦琐任务进行优化，让更多财务人员从繁杂工作中解脱出来，迈向大规模人机协作的未来。随着 RPA 项目的逐步推进，一个智能化的财务基础平台逐步搭建起来。RPA 项目只是一个规范流程，而不是真正的财务数字化，但它是向财务流程化、标准化、智能化转型的基础入口。

随着 RPA 机器人数量的激增，国美 95% 的 RPA 机器人已在云端部署，实现无人化。在开发方面，国美增强机器人的通用性，实现参数可配置；在运维管理方面，国美实现机器人标签式的分类管理。国美财务体系从决策分析型向智慧型发展，将自己的组织行为分为前台、中台和后台，前台是财务共享中心，中台是预算、资金、供应链等数据中心，后台则是电子数据中心。

1.2.2 RPA 平台软件介绍

目前，RPA 市场已初具规模，国内外涌现出一些比较优秀的 RPA 软件产品，如 UiPath、Automation Anywhere、Blue Prism、UiBot、iS-RPA、Z-Factory、达观 RPA、Uni-RPA、云扩 RPA、金智维 K-RPA、小灵如意等。

UiPath 公司是全球领先的机器人流程自动化解决方案的供应商，它提供了一个业务平台，可以实现业务流程自动化的目标。UiPath 主要包括 UiPath Studio、UiPath Orchestrator 和 UiPath Robot。UiPath 将多种流程自动化工具和技术结合，推出端到端的超自动化平台，解决端到端的自动化生命周期问题。UiPath 超自动化平台融合机器学习、自然语言理解等 AI（人工智能）技术，让 AI 技术和 RPA 技术深度融合并应用于企业核心业务中，为自动化优先时代提供可落地的方法论。依托 AI 赋能，UiPath 超自动化平台可以在完全透明和可控的前提下发现与管理自动化相关的潜在机会。同时，在自动化生命周期各个环节中，从不同背景的员工到需求不同的客户，UiPath 都可以为自动化贡献自己的智慧并共享自动化成果。UiPath 具有以下功能：

①模拟人工操作在界面上进行点击、输入等操作。

②编程设计的流程控制。例如：赋值、条件、循环、switch 等。

③处理各种数据。例如：集合、字符串、数据表。

④对系统的操作。例如：操作文件、文件夹、剪贴板，进程启停，调用命令行等。

⑤集成多种应用。例如：E-mail、Excel 等。通过 RPA 工具能自动收发邮件，读取 Excel、处理数据等。

1.3　RPA 软件的特点和优势

1.3.1　RPA 软件的特点

上文提到相比于传统软件，RPA 软件开发周期更短、设计更加简单，这主要是基于 RPA 软件的技术特点。总体来说，RPA 软件的技术特点主要包括机器处理、基于明确规则、以外挂形式部署、模拟用户操作与交互（见图 1-4）。

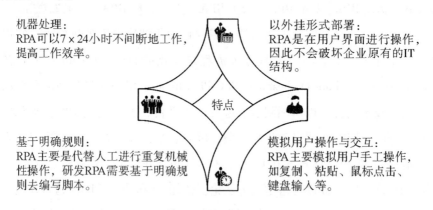

机器处理：
RPA可以7×24小时不间断地工作，提高工作效率。

以外挂形式部署：
RPA是在用户界面进行操作，因此不会破坏企业原有的IT结构。

基于明确规则：
RPA主要是代替人工进行重复机械性操作，研发RPA需要基于明确规则去编写脚本。

模拟用户操作与交互：
RPA主要模拟用户手工操作，如复制、粘贴、鼠标点击、键盘输入等。

图 1-4　RPA 的特点

（1）机器处理。

RPA 软件就像一个机器人，所有操作都像机器一样自动处理。其会根据已经提前编写的脚本进行重复、机械式的运动，用自动化处理代替人工处理。因此，RPA 软件可以 7×24 小时不间断地工作，提高工作效率。应用 RPA 软件不仅提高了工作效率，而且避免了人工工作可能出现的纰漏。

（2）基于明确规则。

RPA 软件主要是代替人工进行重复、机械性操作，研发 RPA 需要基于明确规则去编写脚本。因此，RPA 软件适用的流程必须有明确的、可被数字化的触发指令和输入。RPA 软件工作期间可能出现的一切场景都是可以提前被定义的，如财务、人力资源、供应链、信息技术等部分流程都符合 RPA 软件的工作环境要求。也就是说，RPA 软件不适用于创造性强、流程变化频繁的办公场景。

（3）以外挂形式部署。

RPA 软件是在用户界面进行操作，因此不会破坏企业原有的 IT 结构。一个企业的工作系统最底层是核心诉求和数据，第二层是 Excel、Word 等基础软件，第三层是 ERP、CRM、WMS 等流程系统。RPA 软件是这三层结构之上更高的软件层（见图 1-5）。因此，RPA 软件的运行不会改变企业已有的 IT 系统，其是以外挂形式部署的。

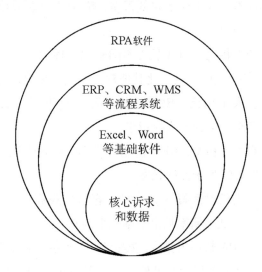

图 1-5　企业的 IT 系统架构

（4）模拟用户操作与交互。

RPA 软件主要模拟的是用户手工操作，如复制、粘贴、鼠标点击、键盘输入等。例如，国内早期出现的"按键精灵"，其会录制用户界面的所有操作，记录下鼠标点击位置和键盘数据字符，然后形成脚本，分配给机器人去操作，其可以进行自动处理表格间数据的转换、自动调整文档格式、文章排版、自动收发邮件、自动检验网页链接、检索文献、搜集资料等重复操作。与现行成熟的大型编程软件相比，RPA 软件就像是这些软件里面的一个小控件，无论是编译器的效率、调试侦错的手段等，RPA 软件都略逊一筹。但是，RPA 软件与这些编程软件相比，使用起来更简单、更专业、更方便，这就是 RPA 软件被广泛使用的原因。

1.3.2 RPA 的优势

相对于人工进行大量重复性操作，RPA 软件有着非常明显的优势，主要体现在以下方面。

①效率高。和人工相比，RPA 软件可以不间断地处理大量重复且有明确规则性的工作，尽可能消除人为因素，使工作完成得更加高效。

②成本低。和人工成本相比，RPA 软件实施成本低，维护成本依赖于运行环境，整体成本比人工成本要低得多，有助于企业释放人力，将其运用到更高价值的工作上去。

③速度快。和人相比，RPA 软件不间断地处理大量重复性工作时速度快，而且 RPA 软件实施的速度也比其他软件要快，见效也快。

④质量高。和人工相比，RPA 软件处理大量重复性工作的精准度更高，整个过程有完整、全面的审核记录。

⑤态度好。和人工相比，RPA 软件可以 7×24 小时不间断工作且无工作情绪，工作态度始终处于良好状态。

⑥出错率低。人长时间操作计算机，容易出现疲劳，从而导致出错，RPA 软件可以有效降低出错率且出错率几乎为 0。

⑦合规度高。RPA 软件出错少，能提供审计跟踪数据，更好地满足合规控制要求，并降低业务风险。另外，RPA 软件的部分合规操作将使审计工作有可能实现"全查"而非"抽查"。

第 2 篇

方法论篇

2 财务机器人的需求分析

随着 RPA 技术的进步和人力成本的上涨，越来越多的企业开始引入财务机器人代替人工，财务工作人员无疑是引入财务机器人代替人工的主要执行团队。开发财务机器人首先要进行需求分析，利用各种调查方法识别用户的需求，然后形成需求分析文档，为后续的财务机器人设计工作打好基础。

2.1 财务机器人的需求调研

需求分析的基础是对用户需求的调研，该任务需要财务机器人开发项目团队根据需求调研的目的，明确需求调研的内容，利用正确的调研方法，对资料进行搜集以及对用户进行访谈。

财务机器人需求调研需要合理运用各种调研方法，了解财务机器人设计涉及的内容，明确设计原则和目标，为撰写需求文档、开发需求方案搜集资料和信息。

2.1.1 财务机器人需求调研的目的

①通过需求调研，明确财务机器人拟解决的企业业务活动的范围，以及对应的编制记账凭证的范围。

②通过需求调研，了解业务活动发生的时间或条件，确定财务机器人数量，明确各个财务机器人的功能。

③通过需求调研，了解企业经营管理的风格，财务核算的特点，工作流程、账务处理是否需要优化，是否具备调整的空间。

④通过需求调研，与企业管理人员沟通，明确财务机器人融入企业管理工作中的原则。

2.1.2 财务机器人需求调研的内容

（1）企业基本情况。

了解企业的背景、经营范围、业务特点、与开发任务相关的管理制度、内部控制、工作流程、组织架构、部门职责、人员岗位等信息。

（2）企业财务核算规则。

了解企业整体遵循的会计制度或准则、会计科目设计、财务核算要求、管理核算要求等信息。

（3）企业信息化工作环境。

了解企业整体信息化工作环境，重点关注与开发任务相关的信息化工作平台或系统的功能模块设计和逻辑要求。

（4）与开发任务相关的原工作流程。

了解财务机器人将参与的工作任务的原工作流程、涉及部门、涉及岗位、涉及操作等方面的信息。

（5）运用财务机器人的管理目标。

了解运用财务机器人解决开发任务的同时，需要实现的管理目标，或者需要解决的问题。

（6）财务机器人在信息化工作环境中的操作步骤。

了解财务机器人的具体操作步骤和过程，清楚在不同业务情况下，对具体操作步骤的调整。

（7）其他需要调研的内容。

2.1.3 财务机器人需求调研的方法

（1）调查法。

调查法是通过资料搜集、访谈、问卷调查，对得到的大量资料进行分析、比较、归纳、总结，有目的、有计划、有选择地搜集开发任务信息的方法。

（2）定量分析法与定性分析法。

定量分析法是指通过对历史业务活动数据的统计分析，发现不同情况下业务活动发生概率的高低，进而进行运用财务机器人解决工作任务必要性的分析。定性分析法是指通过对历史业务活动数据及业务活动可能情况的分析，分析业务活动的不同类别以及发生的可能性，进而进行财务机器人解决工作任务可能性的分析。

（3）经验总结法。

经验总结法是通过对历史业务活动中的具体情况，进行归纳与分析，使之系统化、理论化，上升为经验的一种方法。

（4）实验法。

实验法通过设计不同种类的业务活动，根据内部控制、信息化平台（系统）、账务处理中的操作和结果，总结数据逻辑及对应关系。实验法是指对实验的过程采用录屏、截屏、文字说明等形式，为机器人开发提供资料。

2.1.4 财务机器人需求调研的操作步骤

费用报销业务涉及的部门和业务较为复杂，需要搜集的信息较多，包括企业内部控制及工作流程、企业组织架构及部门职责、企业人员岗位表及花名册、企业会计科目表（相关科目）、企业信息化工作环境等，另外还需要对相关人员进行关于企业费用报销财务核算的访谈，形成访谈记录。

（1）资料搜集。

步骤①：搜集企业内部控制及工作流程。

融创建材公司费用报销内部控制及工作流程

一、基本情况

融创建材公司是专门从事建筑材料生产、销售的有限责任公司，目前主要生产的产品为生态木材和拼合木钢板。融创建材公司位于安平市新兴开发区和平路100号，电话：073-89981231。

融创建材公司是2016年由安平市建工集团公司出资成立的独资子公司，注册资本5 000万元，已完成全额入资，统一社会信用代码为92345709XE8798WQ25。开设银行账户如下：

账号类别：基本户；

开户行账号：中国工商银行茂华支行34897898097；

用途：存取现金、发放工资、缴纳税金、投资、收入、支出等。

二、费用报销内部控制

企业费用报销内部控制，按照分级分部门管理的原则，谁发生谁报销，谁负责谁申请，分级审核，总经理审批后，方可支付。

1. 根据企业合同管理规定，签署合同的费用支出，需要履行合同审批流程，完成合同签署后，根据合同规定支付款项。

2. 所有费用支出，均需要提供合规、合法、足额的发票或其他单据资料。

3. 所有物资采购通过仓库管理的，均需要办理入库、出库手续，采购报销时需要履行验收入库手续。

4. 根据现金管理规定，除现金支出范围外，单笔金额超过1 000元的对外付款，需要使用对公付款，不得使用现金付款，即不得采用支付到员工名下账户的支付方式。

5. 员工因公发生的费用，如差旅费、招待费等，原则上一律通过网上银行中的企业财务室支付报销款，报销款支付到员工个人工资卡中。

6. 原则上，员工因公发生的费用采用垫付方式，不提前借款。

三、费用报销工作流程

1. 费用报销审核审批流程：经办人申请—部门负责人审核—财务经理审核—分管副总经理审核—总经理审批—出纳付款。

2. 经办人对报销事项的真实性负责，对审批所需资料的搜集、所附单据的真实性、表格的编制承担责任，确保数据准确、勾稽关系严谨。经办人在经办事项发生过程中自觉控制开支、压缩开支，有节约意识。

3. 各部门负责人对审批事项承担主要管理责任。各部门负责人对审批事项所需资料、数据、表格进行复核检查，对部门负责的费用支出事项主动控制、压缩，对本部门开支的真实性、必要性、合理性负责。

4. 财务经理对审批事项承担审核责任。财务经理负责审核所有开支凭证的合法性、金额数字的准确性（涂改需要退回），费用标准是否符合公司的有关制度规定；支出类型是否需要办理验收等手续，相关手续是否齐备；有合同的，合同、发票、收款单位是否一致。

5. 分管副总经理负责对审批事项承担决策责任。分管副总经理对分管部门发生的审批事项的总体合理性、必要性承担责任。

6. 总经理对审批事项承担领导责任。总经理对公司发生的所有费用支出进行审批，关注重大事项，具有最终决策权。

步骤②：搜集企业组织架构及部门职责。

融创建材公司组织架构及部门职责

一、组织架构

根据公司章程的规定，公司的权力机构为股东会，公司设立董事会对股东会负责，董事长李宏为公司法定代表人。

公司建立职能型组织结构，融创建材公司组织架构见图 2-1。

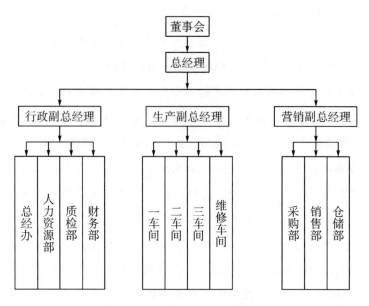

图2-1　融创建材公司组织架构

二、部门职责

1. 总经办：负责公司行政管理、日常事务、后勤服务、信息化支持服务等。

2. 人力资源部：负责公司人力资源管理，如绩效考核、薪酬福利、员工培训等。

3. 质检部：负责配合外部研发团队完成新品试验、测试开发；负责材料、产品的质量检查。

4. 财务部：负责会计核算、会计监督工作。

5. 一车间：负责生产产品所需原材料的切割、剪裁、塑性等。

6. 二车间：根据一车间完成的在产品，完成产品的组装、焊接等。

7. 三车间：根据二车间完成的在产品，结合配件，完成产品的最终成型，以及清洁、包装、入库等。

8. 维修车间：负责车间设备的维修、维护工作。

9. 采购部：负责公司所有材料、物资采购工作。

10. 销售部：负责公司所有产品的营销推广、销售管理工作。

11. 仓储部：负责公司材料、产品的维护、保管、收发工作。

步骤③：搜集企业人员岗位表及花名册，见表2-1。

表2-1　融创建材公司部分人员岗位表及部分花名册

序号	部门	岗位	姓名	类别	开户行	账号
1	总经办	总经理	李三	企业管理	中国工商银行茂华支行	11022033001
2	总经办	行政副总经理	潘连	企业管理	中国工商银行茂华支行	11022033002
3	总经办	生产副总经理	李明	企业管理	中国工商银行茂华支行	11022033003
4	总经办	营销副总经理	王五	企业管理	中国工商银行茂华支行	11022033004
5	总经办	经理	周新	企业管理	中国工商银行茂华支行	11022033005
6	总经办	秘书兼司机	李末	企业管理	中国工商银行茂华支行	11022033006
7	财务部	经理	周红	企业管理	中国工商银行茂华支行	11022033007
8	财务部	出纳	邹宏	企业管理	中国工商银行茂华支行	11022033008
9	财务部	财务会计	刘东强	企业管理	中国工商银行茂华支行	11022033009
10	财务部	税务会计	李月	企业管理	中国工商银行茂华支行	11022033010
11	人力资源部	经理	赵里	企业管理	中国工商银行茂华支行	11022033011
12	质检部	经理	张瑶	企业管理	中国工商银行茂华支行	11022033012
13	质检部	质检人员	李灵	企业管理	中国工商银行茂华支行	11022033013
14	一车间	经理	李木	车间管理	中国工商银行茂华支行	11022033014
15	一车间	高级工人	尹过	基本生产	中国工商银行茂华支行	11022033015
16	一车间	工人	胡夏	基本生产	中国工商银行茂华支行	11022033016
17	二车间	经理	杨蓉	车间管理	中国工商银行茂华支行	11022033017
18	二车间	高级工人	赵琳	基本生产	中国工商银行茂华支行	11022033018
19	二车间	工人兼内勤	王晶	基本生产	中国工商银行茂华支行	11022033019

步骤④：搜集企业会计科目表（相关科目），见表2-2。

表2-2　融创建材公司会计科目表（相关科目）

级别	科目编码	会计科目名称	核算辅助
1	1001	库存现金	日记账
1	1002	银行存款	日记账、银行账
1	1015	其他货币资金	
1	1121	应收票据	客户往来

表2-2（续）

级别	科目编码	会计科目名称	核算辅助
1	1122	应收账款	客户往来
1	1123	预付账款	供应商往来
1	1231	其他应收款	个人往来
1	1241	坏账准备	
1	1402	在途物资	
1	1403	原材料	数量核算
1	1406	库存商品	数量核算
1	1407	发出商品	
1	1431	周转材料	
1	1524	长期股权投资	
1	1601	固定资产	
1	1602	累计折旧	
1	1604	在建工程	
1	1606	固定资产清理	
1	1701	无形资产	
1	1702	累计摊销	
1	1811	递延所得税资产	
1	1901	待处理财产损溢	
1	2201	应付票据	供应商往来
1	2202	应付账款	供应商往来
2	220201	暂估应付账款	
2	220202	一般应付账款	
1	2205	预收账款	客户往来
1	2211	应付职工薪酬	
1	2221	应交税费	
2	222101	应交增值税	
3	22210101	进项税额	

表2-2(续)

级别	科目编码	会计科目名称	核算辅助
1	2231	应付股利	
1	2232	应付利息	
1	2241	其他应付款	
2	224101	往来款	客户往来
2	224199	员工报销款	个人往来
1	2601	长期借款	
1	4001	实收资本	
1	4002	资本公积	
1	4101	盈余公积	
1	4103	本年利润	
1	4104	利润分配	
1	5001	生产成本	
1	5101	制造费用	部门核算
2	510101	职工薪酬	
2	510102	折旧费	
2	510103	机物料消耗	
2	510104	水电费	
2	510105	办公费	
2	510199	其他	
1	6001	主营业务收入	项目核算
1	6051	其他业务收入	
1	6301	营业外收入	
1	6401	主营业务成本	项目核算
1	6402	其他业务成本	
1	6405	税金及附加	
1	6601	销售费用	部门核算
2	660101	职工薪酬	

表2-2(续)

级别	科目编码	会计科目名称	核算辅助
2	660102	广告费	
2	660103	包装费	
2	660199	其他	
1	6602	管理费用	部门核算
2	660201	职工薪酬	
2	660202	办公费	
2	660203	差旅费	
2	660204	业务招待费	
2	660205	水电费	
2	660206	折旧费	
2	660207	修理费	
2	660208	无形资产摊销	
2	660209	劳保	
2	660210	绿植租赁费	
2	660211	招聘费	
2	660299	其他	
1	6603	财务费用	
2	660301	利息支出	
2	660302	现金折扣	
2	660303	手续费	
1	6615	资产处置损益	
1	6701	资产减值损失	
1	6711	营业外支出	
1	6801	所得税费用	

步骤⑤：通过现场调研、访谈等方法搜集企业信息化工作环境资料。

（2）用户访谈。

对相关人员进行访谈，结合访谈内容和被访对象提供的资料，整理访谈记录。

融创建材公司费用报销财务核算访谈记录

Q1：公司哪些费用类型涉及的哪些科目，准备采用财务机器人来完成？

A：拟用财务机器人解决的费用类型主要是期间费用和制造费用中涉及费用报销及付款业务的活动，对费用类型的具体分析，见表2-3。

表2-3　融创建材公司费用类型

会计科目（一级）	会计科目（二级）	情况说明	是否纳入财务机器人核算
制造费用	职工薪酬	核算维修车间人员工资、福利费、职工教育经费等。在核算中按照应付职工薪酬计提后再支付的核算原则处理。因该业务情况较复杂，暂不纳入费用报销业务财务机器人使用范围	否
	折旧费	核算生产车间固定资产的折旧费用，不涉及费用报销支付审批，不纳入费用报销业务财务机器人使用范围	否
	机物料消耗	核算生产车间从仓库领取的机物料品的费用，不涉及费用报销支付审批，不纳入费用报销业务财务机器人使用范围	否
	水电费	核算厂房发生的水电费用，提交水电费发票后完成报销支付，或者先申请支付水电费款项再根据水电费发票完成报销	是
	办公费	核算生产车间发生的办公费用，提交办公费用发票后完成报销支付，或者先申请支付办公费用款项再根据发票完成报销	是
	其他	核算生产车间发生的其他未列明的零散费用，提交费用发票后完成报销支付，或者先申请支付费用款项再根据发票完成报销	是

表2-3(续)

会计科目 (一级)	会计科目 (二级)	情况说明	是否纳入财务 机器人核算
销售费用	职工薪酬	核算销售部门人员工资、福利费、职工教育经费等,在核算中按照应付职工薪酬计提后再支付的核算原则处理,因该业务情况较复杂,暂不纳入费用报销业务财务机器人使用范围	否
	广告费	核算公司的广告费、宣传费等,提交广告费用发票后完成报销支付,或者先申请支付广告费用款项再根据发票完成报销	是
	包装费	核算销售部门从仓库领取的包装箱、包装材料的费用,不涉及费用报销支付审批,不纳入费用报销业务财务机器人使用范围	否
	其他	核算销售部门发生的其他未列明的零散费用,收到发票后完成报销支付。或者先申请支付费用款项再根据发票完成报销	是
管理费用	职工薪酬	核算总经办、财务部等管理部门员工工资、福利费、职工教育经费等。在核算中按照应付职工薪酬计提后再支付的核算原则处理,因该业务情况较复杂,暂不纳入费用报销业务财务机器人使用范围	否
	办公费	核算除生产车间外发生的办公费用。提交办公费用发票后完成报销支付,或者先申请支付办公费用款项再根据发票完成报销	是
	差旅费	核算公司发生的差旅费,提交差旅费发票后完成报销支付	是
	业务招待费	核算公司发生的业务招待费,提交业务招待费发票后完成报销支付	是
	水电费	核算办公楼发生的水电费用,提交水电费发票后完成报销支付,或者先申请支付水电费款项再根据水电费发票完成报销	是
	折旧费	核算总经办、财务部等管理部门固定资产的折旧费用。不涉及费用报销支付审批,不纳入费用报销业务财务机器人使用范围	否
	修理费	核算公司管理部门发生的办公家具、办公设备的维修费用。提交修理费发票后完成报销支付,或者先申请支付修理费款项再根据修理费发票完成报销	是
	无形资产摊销	核算总经办、财务部等管理部门无形资产的摊销费用,不涉及费用报销支付审批,不纳入费用报销业务财务机器人使用范围	否

表2-3(续)

会计科目（一级）	会计科目（二级）	情况说明	是否纳入财务机器人核算
管理费用	劳保	核算公司各部门从仓库领取的手套、工作服的费用，不涉及费用报销支付审批，不纳入费用报销业务财务机器人使用范围	否
	绿植租赁费	核算公司发生的绿植、盆栽的租赁费，提交租赁费发票后完成报销支付	是
	招聘费	核算公司发生的用于人员招聘的招聘网站费用，提交发票后完成报销支付	是
	其他	核算总经办、财务部等管理部门发生的其他未单独列明的零星费用。提交发票后完成报销支付，或者先申请支付款项再根据发票完成报销	是
财务费用	利息支出	核算公司发生贷款业务后支付的利息，公司暂未发生贷款业务，暂不纳入费用报销业务财务机器人使用范围	否
	现金折扣	核算公司发生销售业务后给予对方现金折扣的支出，不涉及款项支付，暂不纳入费用报销业务财务机器人使用范围	否
	手续费	核算银行交易发生的账户管理费、汇款手续费、网上银行年费等。银行直接代扣费用后，财务部根据扣费凭证提交费用报销申请，不纳入费用报销业务财务机器人使用范围	否

Q2：是否准确划分企业各部门发生的各类费用与相对应会计科目的会计核算规则，两者是否有对应关系？

A：准确划分了，企业会计核算规则中关于部门费用类型与相对应会计科目的会计核算规则是有准确对应关系的，见表2-4。

表2-4 融创建材公司费用类型与会计科目对应表

序号	费用类型	费用发生的部门	会计科目
1	办公费	一车间、二车间、三车间、维修车间	制造费用
		总经办、人力资源部、质检部、财务部、采购部、仓储部、销售部	管理费用
2	包装费	销售部	销售费用

表2-4(续)

序号	费用类型	费用发生的部门	会计科目
3	差旅费	总经办、人力资源部、质检部、财务部、采购部、仓储部、销售部、一车间、二车间、三车间、维修车间	管理费用
4	广告费	销售部	销售费用
5	机物料消耗	维修车间	制造费用
6	劳保	总经办、人力资源部、质检部、财务部、采购部、仓储部、销售部、一车间、二车间、三车间、维修车间	管理费用
7	利息支出	财务部	财务费用
8	绿植租赁费	总经办	管理费用
9	其他	一车间、二车间、三车间、维修车间	制造费用
		销售部	销售费用
		总经办、人力资源部、质检部、财务部、采购部、仓储部	管理费用
10	手续费	财务部	财务费用
11	水电费	维修车间	制造费用
		总经办	管理费用
12	现金折扣	财务部	财务费用
13	修理费	总经办、人力资源部、质检部、财务部、采购部、仓储部、销售部	管理费用
14	业务招待费	总经办、人力资源部、质检部、财务部、采购部、仓储部、销售部、一车间、二车间、三车间、维修车间	管理费用
15	招聘费	人力资源部	管理费用
16	职工薪酬	一车间、二车间、三车间、维修车间	制造费用
		销售部	销售费用
		总经办、人力资源部、质检部、财务部、采购部、仓储部	管理费用

Q3：企业各种费用在支付时，是选择对公支付，还是选择对私支付？

A：企业各种费用的支付对象分类，见表2-5。

表 2-5 融创建材公司费用支付对象分类

序号	费用类型	对公支付	对私支付
1	办公费	是	是
2	差旅费		是
3	广告费	是	
4	利息支出	是	
5	绿植租赁费	是	
6	手续费	是	
7	水电费	是	
8	修理费	是	是
9	业务招待费		是
10	招聘费	是	
11	其他	是	是

Q4：通过费用报销审批流程，计入各费用科目的票据中，哪些存在取得进项税发票的情况，税率和票据分别是什么？

A：企业各类费用取得进项税发票的情况，见表2-6。

表2-6 融创建材公司进项税发票税率表

序号	费用类型	是否存在	票据及税率	情况说明
1	办公费	是	增值税专用发票（13%、6%）；增值税普通发票（3%）	采购办公用品、电子耗材等；发生电话、网络等通信费；发生印刷、复印、快递等费用；采购饮用桶装水等。公司发生办公费用取得的发票包括增值税专用发票和增值税普通发票

表2-6(续)

序号	费用类型	是否存在	票据及税率	情况说明
2	差旅费	是	增值税专用发票(13%、6%);收费公路通行费增值税电子普通发票(9%);火车票,航空电子客票行程单,公路、水路等其他客票(9%、3%)	发生的跨市的火车、飞机、汽车的客票费用;发生在其他省市的住宿费用;自驾车差旅过程中发生的通行费用;自驾车过程中发生的汽油费。公司发生的住宿费用、汽油费,可以取得增值税专用发票;公司发生的火车等客票费用,可以取得火车票、航空电子客票行程单等;公司发生的通行费,可以取得收费公路通行费增值税电子普通发票
3	广告费	是	增值税专用发票(6%)	通过广告公司在电视、网络、杂志等媒体上开展广告宣传活动。所有广告费支出均可以取得增值税专用发票
4	利息支出	否		税法规定利息支出不属于可抵扣范围
5	绿植租赁费	是	增值税专用发票(6%)	租赁绿植、盆栽等发生的租赁费。所有租赁费用均可以取得增值税专用发票
6	手续费	是	增值税专用发票(6%)	在开户银行发生的电汇手续费、账户开户费、网银费用等,可以按季度取得合并开具的增值税专用发票
7	水电费	是	增值税专用发票(13%、9%)	支付给电力公司的工业用电费用,支付给自来水公司的工业用水费用,可以取得增值税专用发票
8	修理费	是	增值税专用发票(6%)	支付给维修服务公司的维修费用,可以取得增值税专用发票
9	业务招待费	否		税法规定业务招待费不属于可抵扣范围
10	招聘费	是	增值税专用发票(6%)	支付给提供招聘服务网站的使用费用,可以取得增值税专用发票
11	其他	是	增值税专用发票(13%、9%、6%);增值税普通发票(3%)	支付的其他非单独列明项目的费用,可以取得增值税专用发票或增值税普通发票

Q5：在进行会计核算时，对取得可抵扣进项税的票据的费用报销业务，是如何进行账务处理的？

A：公司取得可抵扣进项税的票据，发生费用支出时，涉及的会计分录：

1. 发生费用，同时取得票据且票据上的税额为进项税额的情况（例如：取得增值税专用发票）。

借：管理费用/销售费用/财务费用/制造费用（差额）。

应交税费——应交增值税（进项税额）。

贷：银行存款/应付账款/其他应付款（付款金额）。

2. 发生费用，未同时取得票据且票据上的税额为进项税额的情况（例如：银行手续费按季度汇总开具发票）。

借：管理费用/销售费用/财务费用/制造费用（付款金额）。

贷：银行存款/应付账款/其他应付款（付款金额）取得可抵扣的票据时。

借：应交税费——应交增值税（进项税额）。

贷：管理费用/销售费用/财务费用/制造费用。

3. 发生费用，同时取得不显示可抵扣税额的票据（例如：取得火车票）。

借：管理费用/销售费用/财务费用/制造费用（付款金额）。

贷：银行存款/应付账款/其他应付款（付款金额）月末汇总同类票据，编制明细表，计算可抵扣税额。

借：应交税费——应交增值税（进项税额）。

贷：管理费用/销售费用/财务费用/制造费用。

Q6：费用报销业务中涉及的会计科目有哪些辅助核算要求？

A：费用类科目：管理费用、销售费用、财务费用、制造费用，辅助核算为业务发生的部门；应付账款，辅助核算为供应商名称；其他应付款、员工报销款，辅助核算为员工姓名。

2.2 财务机器人需求分析报告的撰写

2.2.1 任务描述

需求分析既是财务机器人开发中的重要项目，也是财务机器人生命周期中的重要环节，该阶段分析财务机器人在功能上需要"实现什么"，而不是考虑如何去"实现"。需求分析的目标是把用户对财务机器人提出的"要求"或"需要"进行分析与整理，确认后形成完整、清晰、规范的文档，确定财务机器人需要实现哪些功能，完成哪些工作。

2.2.2 任务分析

本书基于财务机器人开发需求进行调研，撰写需求分析文档，为下一步组织技术人员设计财务机器人开发方案奠定基础。财务机器人需求分析文档，是由财务机器人设计师主导，需求单位人员配合完成的财务机器人开发需求文档，其主要包括以下资料。

（1）财务机器人需求分析报告。

财务机器人需求分析报告包含业务描述、设计原则、机器人划分及功能描述、信息化工作环境及功能介绍、财务机器人业务流程说明、业务活动数据规则说明、财务机器人基础配置说明、其他需要说明的事项。

（2）业务活动流程图。

业务活动流程图是指开发任务对应的业务活动的过程，涉及经营管理的类别、部门、岗位，以及前后顺序等。

2.2.3 操作步骤

2.2.3.1 编写财务机器人需求分析报告

在需求调研的基础上进行需求分析，明确费用财务机器人的用户需求（以某公司费用报销机器人需求为例），生成需求分析文档，撰写费用报销业务机器人需求分析报告，见表2-7。

表2-7　费用报销业务机器人需求分析报告

版本号	修改时间	修改人	确认人
V1.0	2021/12/1	刘东强	周红

（1）业务描述。

本书中的费用报销业务机器人，是指为解决某公司费用报销业务而开发的一系列财务机器人，报销业务包括但不限于款项支付业务和账务处理业务。报销业务仅针对日常费用类报销审批流程，不包含职工薪酬、资产采购、材料采购等业务类型的报销及付款。

结合公司实际情况，明确费用报销业务机器人的适用范围，见表2-8。

本书中的费用报销业务机器人，以公司内部控制、工作流程为基础，内部管理流程、财务核算规则、机器人工作环境、款项支付渠道为标准，最大化满足实际业务场景的使用。

（2）设计原则。

为满足实际工作场景需要，本文档中费用报销业务机器人的设计遵循以下原则。

①准确划分机器人工作范围：机器人的工作任务是明确且标准的，在业务存在不同类别的情况下，要清晰且准确地划分哪部分归机器人完成，哪部分由人工完成，做好人机协作、人机分工。由机器人承担标准化、大量的工作，由人承担个性化、易变、少量的工作，在保证工作质量的基础上，最大化地减少人工操作的部分，将人从烦琐的、重复的基础工作中解放出来，承担更为重要的职责。

表 2-8　费用报销业务机器人的适用范围

会计科目 （一级）	会计科目 （二级）	情况说明	是否纳入财务 机器人核算
制造费用	水电费	核算厂房发生的水电费用，提交水电费发票后完成报销支付，或者先申请支付水电费款项再根据水电费发票完成报销	是
	办公费	核算生产车间发生的办公费用，提交办公费用发票后完成报销支付，或者先申请支付办公费用款项再根据发票完成报销	是
	其他费用	核算生产车间发生的其他未列明的零散费用，提交费用发票后完成报销支付，或者先申请支付费用款项再根据发票完成报销	是
销售费用	广告费	核算公司的广告费、宣传费等，提交广告费用发票后完成报销支付，或者先申请支付广告费用款项再根据发票完成报销	是
	其他费用	核算销售部门发生的其他未列明的零散费用，提交费用发票后完成报销支付，或者先申请支付费用款项再根据发票完成报销	是
管理费用	办公费	核算除生产车间外发生的办公费用，提交办公费用发票后完成报销支付，或者先申请支付办公费用款项再根据发票完成报销	是
	差旅费	核算公司发生的差旅费，提交差旅费发票后完成报销支付	是
	业务招待费	核算公司发生的业务招待费，提交业务招待费发票后完成报销支付	是
	水电费	核算办公楼发生的水电费用，提交水电费发票后完成报销支付，或者先申请支付水电费款再根据水电费发票完成报销	是
	修理费	核算公司管理部门发生的办公家具、办公设备的维修费用，提交修理费发票后完成报销支付，或者先申请支付修理费款项再根据修理费发票完成报销	是

表2-8(续)

会计科目 (一级)	会计科目 (二级)	情况说明	是否纳入财务 机器人核算
管理费用	绿植租赁费	核算公司发生的绿植、盆栽的租赁费,提交租赁费发票后完成报销支付	是
	招聘费	核算公司发生的用于人员招聘的招聘费用,提交发票后完成报销支付	是
	其他	核算总经办、财务部等管理部门发生的其他未单独列明的零散费用,提交发票后完成报销支付,或者先申请支付款项再根据发票完成报销	是

②实际工作场景匹配方式:费用报销业务机器人的设计以原有的工作场景和节奏为准,尽可能小地调整原有的工作流程,以保证落地部署的便利,增强人员的接受程度。

③提高费用报销业务机器人使用效果的操作调整:为满足费用报销业务机器人使用效果的需要,可以适当地调整业务流转过程以及信息化平台(系统)中的某些项目,以减少费用报销业务机器人工作中的人工干预频率。

④费用报销业务机器人在专属计算机上工作:为保证费用报销业务机器人与操作员互不影响,需要为费用报销业务机器人单独配备工作计算机。各机器人操作员在自己的工作计算机上发布指令,费用报销业务机器人在专属计算机上完成具体操作。

(3)费用报销业务机器人的划分、功能描述。

根据费用报销业务机器人设计需要,分解费用报销业务,报销与付款有时同时发生,有时先后发生,为满足各种情况的适用性,将费用报销业务活动拆分为2项,设计2个各自独立存在且有关联的财务机器人。

①费用计提机器人,功能:根据费用报销信息,在财务云平台中完成相应费用计提会计凭证的编制。

涉及机器人模块:登录财务云平台;编制记账凭证;退出财务云平台。

②费用付款机器人,功能:根据费用付款信息,在网上银行完成报销款项支付,下载银行付款回单作为会计原始凭证,在财务云平台中完成相

应费用付款会计凭证的编制。

涉及机器人模块：网银登录；网银付款；回单下载；退出网银；登录财务云平台；编制记账凭证；退出财务云平台。

将费用报销业务活动拆分为 2 项，会促使对财务核算的规则进行调整，使得财务核算结果的类别更加精细，费用分析更加全面，数据查询更加快捷。对公支付均通过应付账款科目核算，将供应商作为辅助核算，对私支付均通过其他应付款科目核算，将员工作为辅助核算。通过这样的财务核算调整，供应商结算往来金额、员工报销金额、各类费用资金结算方式占比（供应商和员工报销比重，为加强资金管理提供依据），均可直接为相关报表的编制提供数据依据。

（4）信息化工作环境及功能介绍。

结合公司实际信息化情况，费用报销业务机器人涉及的信息化工作环境包括以下 3 个。

①OA 办公管理平台。

OA 办公管理平台是利用技术手段提高办公效率，进而实现办公自动化处理的管理平台。该平台能够提高企业的日常管理规范化水平、增加企业可控性、提高企业运转效率。OA 办公管理平台的管理范围涉及日常行政管理、各种事项的审批、办公资源的管理、多人多部门的协同办公以及各种信息的沟通与传递。

在费用报销业务活动的审批管理中，经办人通过 OA 办公管理平台，发起费用报销申请，各级权限审批人通过 OA 办公管理平台完成审核、审批。

因费用报销业务机器人的使用，需要将 OA 办公管理平台中费用报销业务的审批流程分为两个：一是费用报销流程，由经办人提交发票及其他资料，完成费用报销申请审批，财务处理中做费用报销会计处理分录；二是报销付款流程，由经办人提交（已完成费用报销审批的，由会计人员提交）费用报销付款流程，完成报销付款申请审批，财务处理中做付款会计处理分录。由公司信息化管理部门新增付款审批流程设置及调整。

费用报销业务机器人从已经完成审批的费用报销、报销付款流程中获取数据或满足自动触发条件。

②融智财务云平台。

融智财务云平台是一套企业级的系统化管理软件，全面集成了财务、生产制造及供应链的成熟应用，其将客户管理延伸至客户关系管理（CRM），并对零售领域、分销领域实现了全面整合，通过人力资源管理（HR）、办公自动化（OA），促进行政办公事务、人力管理和业务管理的有效结合。

在费用报销业务活动中，费用报销业务机器人需要在融智财务云平台总账模块中分别完成费用报销记账凭证、报销付款业务记账凭证的编制。

③中国工商银行企业网上银行。

中国工商银行企业网上银行提供便捷的在线账务查询与对账、支付结算、代发工资贷款融资、电子票据、现金管理等服务。企业可通过该平台完成自身的银行业务工作，如支付款项、明细查询、代发工资、银企对账等。

在费用报销业务中，费用报销业务机器人需要完成报销款项的支付，并下载、保存付款回单。

（5）费用报销业务机器人业务流程说明。

费用报销业务机器人在企业内部实际使用时，将作为单独的岗位与员工配合完成工作任务，具体如下。

①费用计提业务。

a. 经办人在 OA 办公管理平台提交费用报销申请；

b. 各级权限审批人在 OA 办公管理平台完成费用报销审批；

c. 费用计提机器人在用友财务云平台中登录，并完成费用报销业务的记账凭证的编制，完成操作后退出软件。

②报销付款业务。

a. 经办人（会计人员）在 OA 办公管理平台提交报销付款申请；

b. 各级权限审批人在 OA 办公管理平台完成报销付款审批；

c. 费用付款机器人从 OA 办公管理平台获取已经审批的付款信息，在中国工商银行网上银行完成单笔对公（对私）付款，查询付款情况，下载付款回单；

d. 费用付款机器人在用友财务云平台中登录，并完成报销付款业务的记账凭证的编制，完成操作后退出软件。

（6）业务活动数据规则说明。

①费用报销业务。

费用报销业务数据规则见表2-9。

表2-9　费用报销业务数据规则

序号	数据项目	数据来源				费用报销业务机器人
						工作环境
说明	名称	RAD（OA）				财务云平台
		直接填写	选择填写	自动生成	OCR	填制凭证
1	费用类型		√			
2	金额	√				借方金额（1）/贷方金额
3	支付类别		√			
4	收款人名称	√				贷方辅助账（对公：供应商；对私：姓名）
5	申请部门		√			借方辅助账（部门）
6	审批时间			√		登录日期
7	模板凭证编号			√		调用常用凭证-编码
8	票据类型			√		
9	附件：增值税发票					
（1）	税额				√	借方金额（2-2）
（2）	金额				√	借方金额（2-1）=贷方金额-借方金额（2-2）

注：①模板凭证包括两类：第一类指一借一贷，借方金额标识为（1）；第二类指二借一贷，借方金额标识为（2-1）和（2-2）。

②票据类型：根据发票类型定义，发票类型为增值税专用发票，则票据类型为增值税专用发票；发票类型为非增值税专用发票，则票据类型为其他发票票据。

②费用付款业务。

费用付款业务数据规则见表2-10。

表2-10 费用付款业务数据规则

序号	数据项目	数据来源			费用报销业务机器人工作环境	
	名称	RAD（OA）			网上银行	财务云平台
说明		直接填写	选择填写	自动生成	转账汇款/逐笔支付	填制凭证
1	收款人名称	√			收款单位	借方辅助账（对公：供应商；对私：姓名）
2	款项用途	√			汇款用途	
3	付款金额	√			汇款金额	借方金额/贷方金额
4	支付类别		√		选择转账汇款模块	
5	开户银行	√			收款银行	
6	银行账号	√			收款账号	
7	审批时间			√		登录日期
8	模板凭证编号			√		调用常用凭证-编码

（7）费用报销业务机器人基础配置说明。

①费用报销业务业务机器人环境配置。

a. OA办公管理平台。

角色：管理员（查询权限）；

用户：RAD用户；

密码：自定义设置。

b. 财务云平台。

角色：会计（操作员）；

账套：安平市融创建材制造有限公司；

用户：RAD用户；

密码：自定义设置。

c. 中国工商银行企业网上银行。

角色：制单员（操作员）；

用户：周湖；

密码：自定义设置。

②费用报销业务机器人要素配置。

a. 费用类型：水电费、办公费、广告费、差旅费、业务招待费、修理费、绿植租赁费、招聘费、其他费用。

b. 部门：总经办、人力资源部、质检部、财务部、一车间、二车间、三车间、维修车间、采购部、销售部、仓储部。

c. 支付类别：对公、对私。

d. 票据类型：增值税专用发票、其他发票票据。

③费用计提机器人基础配置。

a. 根据费用类型、进项税情况、支付类型，确定模板凭证，在 U8-ERP 中进行配置。

b. 根据费用类型、部门、支付类别、发票类型以及各部门职责，确定适用的模板凭证，在机器人应用管理平台中进行配置。

④报销付款机器人基础配置。

a. 根据支付类型，确定模板凭证，在 U8-ERP 中进行配置。

b. 根据支付类别，确定适用的模板凭证，在机器人应用管理平台中进行配置。

（8）其他需要说明事项。

①费用报销业务中不属于费用报销业务机器人职责范围的业务活动，由人工单独完成。

②因不同票据类型对进项税抵扣规定不同，本次开发的费用报销业务机器人仅核算增值税专用发票的进项税额，对其他票据存在进项税额的情况，先由机器人按照全额计入费用中，进项税由人工统一确认，并调减费用。

2.2.3.2　绘制业务活动流程图

根据费用报销业务机器人需求分析报告，费用报销业务工作流程见图 2-2。

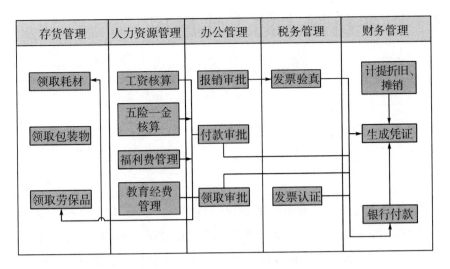

图 2-2 费用报销业务工作流程

3 财务机器人的工作原理

财务机器人是一类遵循既定的规则和程序，采用 RPA 技术，通过模拟、增强、拓展财务人员与计算机系统的交互过程，辅助财务人员完成交易量大、重复性强、易于标准化的财务业务，从而优化财务流程，降低财务运作成本，提升财务工作效率，提高财务工作质量，实现财务人员、财务业务和信息系统一体化协同的软件，财务机器人定义见图3-1。简单来说，财务机器人就是能够模拟人类进行简单重复的操作，针对财务的业务内容和流程特点以自动化处理替代财务手工操作的软件。

财务机器人作为业务和财务之间的"黏合剂"，能够有效解决企业"信息孤岛""业财分离"问题，帮助企业实现内外部价值链"柔性一体化"的连接和"大会计"系统的建构。财务机器人当前已经在会计核算、合规财务和精益财务等方面拥有丰富的应用场景，它能够为优化财务任务处理、释放人力创造力、智能化财务管理、财务数字化转型提供明确可持续的路径。

在财务领域，传统的 RPA 技术只能从事步骤明确、规则固定、重复简单的工作，应用场景通常只能局限于很狭小的领域，例如，财务中的对账、核算等重复性的工作，或者批量进行且烦琐的上传下载、简单的数据填写转录等工作。RPA 技术和 AI（人工智能）技术的结合运用，即智能 RPA 技术或者 IPA（intelligent processing automation）技术带来了一股非常独特的智能化应用的发展潮流，其能够胜任复杂的财务核算、合同和报告审阅、供应链自动调度等原先需要很多领域知识、专家经验才能进行的工作。

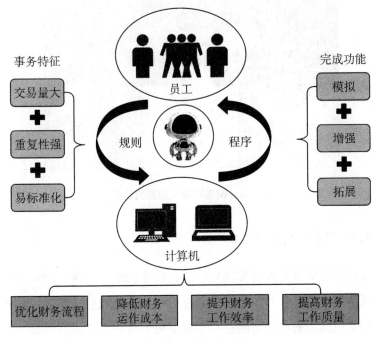

事务特征

交易量大
+
重复性强
+
易标准化

员工

规则 程序

计算机

完成功能

模拟
+
增强
+
拓展

优化财务流程 | 降低财务运作成本 | 提升财务工作效率 | 提高财务工作质量

图 3-1   财务机器人定义

3.1   财务机器人的应用价值

财务机器人的应用是实现企业财务转型，建立企业核心竞争优势的必由之路。财务机器人的应用能够显著降低财务处理成本、提升财务工作效率、提高财务信息质量、增强风险管控与合规性、提高财务工作质量、优化财务人员配置，财务机器人的应用价值见图 3-2。其中，降低财务处理成本和提升财务工作效率是大多数企业运用财务机器人的两大驱动因索。

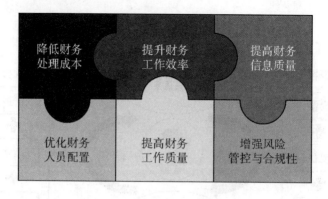

图 3-2　财务机器人的应用价值

3.1.1　降低财务处理成本

财务机器人能够实现对多流程自动化任务的统一管理，清晰监控这些自动化任务发生的过程和执行结果，进而生成有关软件性能和流程的分析数据。财务机器人的这个功能有利于推动财务流程管理的自动化，解决财务工作中财务人员占用的问题。

财务机器人无须培训，只要输入正确的指令就可以马上开始工作，减少了人工培训费和培训时间，且能 7×24 小时工作，无须休息，不会因为工作过久导致疲劳而降低工作效率，这使得企业的人工成本下降。财务机器人主要的投入就是初始购买费用和后期的维护费，相比较而言，人工所需要的成本就比较多，包含薪酬、福利、津贴等。此外，由于财务机器人的精确度高，返工率小，也降低了成本。因此，从长远来看，财务机器人的成本小于人工成本。

3.1.2　提升财务工作效率

在现有的财务管理体系中，财务人员通常需要完成一些简单、重复、耗时的会计核算基础工作，这些基础工作消耗了大量的精力，导致其处理后续更复杂的财务管理工作时因为精力不够，耗费的时间就更长。财务信息是企业管理决策的重要依据，由于财务人员的精力有限，财务信息很难及时处理，导致信息缺乏时效性。财务机器人的出现，使原来耗时的工作缩短了时间，提升了财务工作的效率。

机器人流程自动化最大的优势在于能够实现跨系统平台的财务流程，可以极大地模仿人工操作，有助于提高自动化在不同财务流程中的适应性。面对财务数字化转型过程中新旧系统衔接的困难，以及跨系统、跨部门带来的数据孤岛，财务机器人可以打通底层数据的接口，进行跨系统的数据整合，从而在不侵入原有系统的同时，打通企业财务数字化转型的"最后一公里"，提升了财务工作效率。

3.1.3 提高财务信息质量

财务机器人的精确度远高于人类，一般可高达100%，避免了财务人员做账时出现的各种低级错误。财务人员可能会因为精力不够、心情不好等一些外在因素而导致财务工作出错。出现结果偏差，人工需要及时返工，找出错误的来源，这通常要花费大量的时间和精力，且效果很难预料。在数据录入、汇总、编制财务报表这一系列财务流程中如果出现错误，可能导致管理层做出错误的决策。

同时，财务人员可能会受外部因素或者外界的压力而造假，财务机器人只是根据其特定的程序执行任务，受外界因素影响小，降低了财务信息造假的风险。此外，财务机器人的流程可以被监控，这进一步避免了人为操纵会计信息的现象，弥补了因财务舞弊导致会计信息失真的漏洞。财务机器人效率高，完成任务所需的时间远少于人工，这就确保了会计信息质量的及时性。

3.1.4 增强风险管控与合规性

财务机器人能有效促进资金管理、税收管理和内部审计的实施。由于其基于规则的特点，可以有效避免人工操作带来的风险，自动生成风险预警，从根本上降低企业可能面临的财务风险。财务机器人的每一步任务都可以被监控和记录，这可以作为审计证据，以满足法律合规的需要。此外，财务机器人还能极大地改善企业内部控制管理的现状，提高内部财务管理的效率，规范内部财务管理，使财务工作更加专业化。然而，在许多情况下财务机器人可能无法提升效率或降低成本，企业使用财务机器人只是为了满足监管要求。财务机器人降低了操作风险，优化了控制环境，给企业带来了极大价值，但影响企业在其行业的经营及员工和客户的安全。

3.1.5　提高财务工作质量

在传统的财务工作模式下，当企业财务工作量大时，由于工作时间有限，财务人员在正常工作时间内难以完成工作，不得不加班加点，财务工作的质量势必会大打折扣。而财务机器人的参与，可以减少手动干预、错误和重复工作，提高财务工作质量，提升财务工作的满意度。例如，传统的银企对账，需要按银行、按账户逐个进行手工对账。一个单位往往存在多个银行账户，容易出错，而银企对账机器人能够极大地减少差错，提高对账的准确度。

3.1.6　优化财务人员配置

财务机器人的应用推动了财务组织结构的变革，使企业财务工作重心由财务会计向管理会计转移。传统的财务人员配置数量将大量减少，将新增财务机器人运维人员，以及大量从事财务管理、分析和决策的财务人员，这将进一步促进企业财务人员转型升级和财务人力资源的优化配置，并开启人机协作共生的新型财务工作方式。

3.2　财务机器人的应用场景

根据企业类型的不同，财务机器人的应用侧重点也不同。下文聚焦应用层面，分别从集团企业、中小企业以及小微企业的角度描述财务机器人的自动化实现。

3.2.1 集团企业

财务机器人在集团企业的应用主要集中在财务共享中心（financial shared service center，FSSC）。FSSC 将分散在企业不同业务单位的财务业务整合到一起，采用相同的运作模式、业务流程和规则，在一定程度上提升工作效率、促进流程标准化以及推动企业整体价值提升。但现存的 FSSC 仍需要投入大量人力来完成交易和业务流程，存在"业财分离"问题，其效用仍有很大提升空间。FSSC 的本质是将财务业务集中处理，其在建设之初就已经考虑了流程的标准化问题，这为财务机器人的应用提供了先决条件。

财务机器人在集团企业财务共享中心的典型应用场景见图 3-3。

财务机器人在 FSSC 的应用包括费用报销、采购到付款、销售到收款、总账到报表、税务管理、资金管理、预算管理、资产管理、档案管理和风险管控等场景。

在费用报销应用中，财务机器人利用 OCR 技术对各类发票进行自动识别、分类汇总并分发传递，同时根据报销规则自动生成报销单，再根据预设规则进行自动审核，最后进行付款、账务处理以及数据整理分析等工作。在采购到付款应用中，财务机器人通过 OCR 技术扫描请款单，将数据录入 ERP 系统，并与订单信息、发票信息和入库单信息进行核对，进行发票查验等审核后，自动登录资金付款系统执行付款授权等操作准备，同时进行相关账务处理。同理，在销售到收款应用中，财务机器人能够自动完成订单识别与录入、信息核对、自动开票、收款处理以及相关账务处理等。在总账到报表应用中，财务机器人自动进行记账、月末关账以及财务报表出具等工作，若发现异常，便给相关负责人发送预警。在税务管理应用中，财务机器人除了开具发票、校验发票外，还具备自动纳税申报的功能。在资金管理应用中，财务机器人不仅能执行现金信息的采集与处理工作、收付款处理工作，还能自动调取第三方数据进行比对完成银企对账工作。预算管理应用涉及预算的编制与分解，以及财务机器人预算智能预警。资产管理包括存货管理、各种成本分析以及记录固定资产的变动、折旧等功能。在档案管理应用中，财务机器人利用 OCR 技术将纸质文档转化为电子文档，再进行自动归档、建立电子档案数据库，并且随时提供查阅服务。在风险管控应用中，财务机器人为审计自动化与实时审计提供了强大基础支撑。

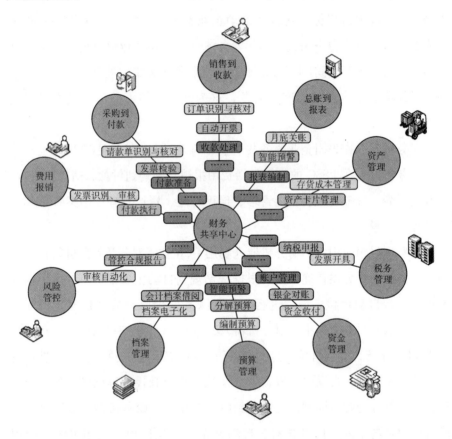

图 3-3 财务机器人在集团企业财务共享中心的典型应用场景

由此可见，财务机器人在集团企业 FSSC 的应用较为广泛。财务机器人能够帮助企业进一步优化流程，提升工作效率，提高工作质量，推进业财融合。FSSC 在应用财务机器人时，应从企业本身业务情况出发，考虑企业长短期目标、人力资源情况以及成本效益等因素，再选择合适的财务流程进行自动化部署。

3.2.2 中小企业

中小企业是我国社会经济的重要组成部分，但相比集团企业，中小企业的管理方式相对滞后，其会计信息系统发展迟缓。随着一系列数字技术的发展，尤其是 RPA 技术的出现，中小企业财务工作的变革有了新契机，同集团企业一样，许多中小企业财务部门也面临工作量大、重复度高、异构系统多、难以打通数据等问题，但中小企业没有能力也不需要像集团企业那样建设全面的财务共享中心，而应建立起能满足个性化需求的会计信息系统，选择需要的财务机器人类别，满足特定的自动化需求。

会计核算既是中小企业财务工作的主体，也是财务机器人应用的主要场景。为了企业的发展，中小企业依然需要重视预算管理、绩效管理以及监督体系等管理会计工作，从而增强企业的竞争力。财务机器人在中小企业中的典型应用场景见图 3-4。会计核算业务已在上文作了阐述，下面主要对管理会计应用进行阐述。

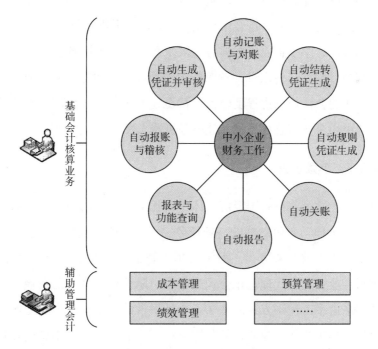

图3-4　财务机器人在中小企业的典型应用场景

中小企业在管理会计方面应用财务机器人时，应按照管理会计的基本思想进行流程再造与优化，利用财务机器人对每一项业务进行相应的管控与分析，重点是结合信息系统对来自各种文件的数据采集、计算、分析和报告实现自动化。例如，在成本管理应用中，将不同成本费用分析方法内嵌于财务机器人，使得机器人向管理者出具全面的成本分析以供决策。在预算编制应用中，相对于大型企业，中小企业更注重预算的全面性，反而预算的复杂度可以适当降低，这时可利用财务机器人自动抓取大量的基础数据，以此为依据编制出更全面的预算。良好的绩效管理能够激发企业员工的积极性，并为企业创造价值，但中小企业未必需要复杂的绩效管理制度，简单并具有可操作性的制度才是中小企业最需要的。中小企业可利用财务机器人采集各种以文件形式存在的业务行为数据，形成高效准确的绩效管理方式。中小企业还可将财务机器人应用于监督体系的构建，内部审计的自动化能够实现实时监督，防微杜渐，避免企业不必要的损失。此外，中小企业会计信息系统更注重个性化需求。财务机器人易部署、开发周期短、操作简单，刚好符合中小企业的自动化需求定位。

总体来说，中小企业应根据自身需求部署合适的财务机器人，在逐步实现基础会计核算自动化时，考虑基本的管理会计功能。但目前很大一部分中小企业的会计信息化程度较低，甚至还处于手工或代理记账阶段，因此要加快中小企业信息化建设，让财务机器人发挥更大的价值。

3.2.3 小微企业

目前，小微企业在我国经济实体中占比最高，推动小微企业数字化是建设"数字中国"不可忽略的一项任务。大量小微企业由于规模小、职能单一，基于成本效益考虑，一般不会单独聘请专业人士来处理财务工作，而是把财会业务交由代理记账公司来处理。随着数字技术的发展，代理记账公司逐渐由手工记账方式向基于云会计平台的财税共享中心记账方式转型。财税共享中心作为专业化外部服务中心，能够为众多小微企业提供代理记账、纳税申报、税务筹划、发票管理等财税服务与咨询。财税共享中心将众多的小微企业财税业务集中，能够产生规模效应，非常适合部署财务机器人。

财务机器人在小微企业财税共享中心的典型应用场景见图3-5。

小微企业的财务机器人应用主要聚焦于财税共享中心的代理记账业务，实现发票开具、账务处理、报表生成、纳税申报以及合规性审核等基础业务的自动化，高效完成大量小微企业的代理业务。在账务处理应用中，财务机器人自动扫描、上传所收集的小微企业原始凭证，按照内置的会计规则一键记账，并实时审核监控。期末，财税共享中心利用财务机器人为小微企业自动生成财务报表。同时，小微企业能够通过财务机器人随时查询相关财务信息，并获得多维度报告，有利于企业的内部管控。

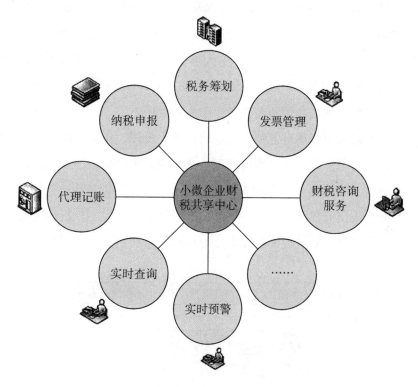

图 3-5　财务机器人在小微企业财税共享中心的典型应用场景

总体来说，因为单个的小微企业的业务量小且财务信息化程度非常低，所以财务机器人主要应用于代理记账公司或新型的财税共享中心，这样才能实现大量重复性任务的自动化。财务机器人有效地提高了代理记账公司或财税共享中心的工作效率，并赋予其更多额外的价值，让小微企业也能够像大企业一样拥有财务分析与预警、纳税提醒等功能，使其在同行业中具有更大的竞争力。

3.3 财务机器人的应用技术

3.3.1 技术框架

传统的 RPA 技术最早可追溯到 1994 年微软公司发布的 Excel5.0 中的 Macroinstruction（宏指令）功能，早期这类编程工具如批处理脚本和触发器等皆为 RPA 的雏形，微软孕育了大部分 RPA 底层自动化框架和技术。随着数据库和编程技术的成熟，专业的 RPA 工具从 21 世纪初开始不断建立并快速发展，现在开始和人工智能技术全面整合。

财务机器人主要通过各种封装好的自动化组件，让用户能利用拖拉拽控件，通过简单操作生成自动化流程，在电脑上实现浏览器、应用程序自动鼠标点击、键盘输入，Excel 操作，数据处理，数据库增删改查，定时执行，自动生成交互界面，等等。基于技术的复杂度，为了分析和运用的方便，本书将财务机器人使用的技术分为基础技术和重要技术，其总体技术如图 3-6 所示。

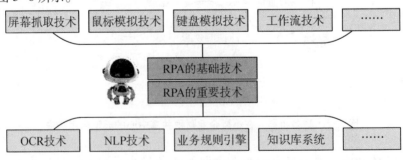

图 3-6 财务机器人应用的总体技术框架

RPA 应用的基础技术主要包括屏幕抓取技术、鼠标模拟技术、键盘模拟技术以及工作流技术等，重要技术主要包括 OCR 技术、NLP 技术、业务规则引擎、知识库系统等。这些技术为财务机器人的应用提供了丰富的实现形式。

3.3.2　应用的基础技术

屏幕抓取技术、鼠标模拟技术、键盘模拟技术、工作流技术等是财务机器人应用的基础技术。屏幕抓取技术通过终端或显示器来直接抓取界面中的数据，使财务机器人与计算机屏幕上各种按钮、窗口进行交互，不必访问底层数据库和接口，让财务机器人具备非侵入性的特征。由于屏幕抓取技术基于屏幕表面，用户可以直观地看到其操作过程，提升了财务机器人的易用性。屏幕抓取技术具体可以分为依据对象句柄元素实现抓取、依据网页标签实现抓取、利用图像对比技术实现抓取、借助 OCR 技术实现抓取以及依据界面坐标位置实现抓取。

鼠标模拟技术和键盘模拟技术，即模拟人工单击、双击、滑动、拖拽等鼠标操作，以及键盘输入、组合键使用等键盘操作。在财务机器人中，模拟技术分为三个层级：一是应用级模拟，可以模拟键盘针对目标应用程序发送消息；二是系统级模拟，可以模拟全局键盘将信息发送给所有程序的窗口；三是驱动级模拟，即跳过应用层和操作系统，直接读写键盘的硬件端口。

工作流技术也是财务机器人应用的必备技术之一，工作流技术包括工作流设计、工作流运行和工作流监控三个部分，用以管理和控制文档在各个计算机间自动传递。RPA 产品通常提供专门的工作流设计工具帮助用户用图形化的方式定义工作流，可以通过拖拽空间的方式迅速搭建业务流程，同时能快速对流程进行局部或全局测试。此外，RPA 产品通常能为一些常用软件提供专门的自动化技术，这一功能主要利用可扩展插件和应用软件对外提供的 API（application programming interface，应用程序编程接口）来实现。比如，RPA 通过 API 实现 Office 系列软件的自动化处理，避免大量的点击、元素抓取操作，甚至不需要下载安装 Office 软件；RPA 还可通过 API 实现对 Windows 原生应用的自动化，包括文件夹的创建、重命名，Windows 窗口的最大化、最小化等；RPA 也可以调用收发邮件的 API，如 POP3、SMTP、IMAP 等来实现电子邮件的自动化处理，包括发送邮件、删除邮件等。

屏幕抓取技术、鼠标模拟技术和键盘模拟技术实现数据的获取、录入与流转，工作流技术与其他自动化技术让财务机器人使用起来更加便捷，它们都是实现财务自动化最基础的技术。

3.3.3　应用的重要技术

财务机器人应用的重要技术以人工智能技术为主，主要包括 OCR 技术、NLP 技术、业务规则引擎、知识库系统等。随着人工智能的发展，将有更多技术应用于财务机器人，使之变得智能化，从而实现更复杂、更高难度的财务业务处理。

OCR 技术通过扫描等光学输入方式将各种纸质文件转化为图像信息，再利用文字识别技术翻译成文字，财务机器人利用 OCR 技术识别发票纸质合同、身份证等信息，使数据获取更加便捷、范围更加宽广。

NLP 是一种研究计算机如何理解并生成人类自然语言的技术，该技术使机器人能够从新闻公告、合同、研究、报告等大量文本信息中提取关键的字段信息，或者在财务机器人完成工作后，以自然语言的方式向用户进行反馈。

业务规则引擎可以结合财务机器人应用，适用于比较复杂的规则，独立地定义、设计、测试和维护业务规则，将业务规则与程序适当分离。

财务机器人还可以结合知识库系统加以应用。知识库系统是收集、处理、分享组织中全部知识的信息系统，对大量知识进行分类存储与管理，必要时调用与学习。知识库系统在财务领域主要涉及相关会计规则、法律法规等。

4 财务机器人的可行性研究和开发平台

4.1 财务机器人的可行性研究

4.1.1 流程痛点分析

企业传统财务流程主要依赖人工作业，而人工效率低、成本高、准确率低。财务工作的高度重复性、枯燥性导致人工效率低、手工密集型工作多，耗费大量人力和时间，企业人力成本提高且出错率升高。

（1）业务系统集成困难，业务出错率高。

大多数企业目前使用的是外部第三方提供的财务信息系统，这类信息系统和企业其他应用没有接口，无法实现统一登录、数据多点同步应用等；同时，数据需跨多个系统和岗位进行传输，导致跨系统、跨岗位之间的数据手工处理存在较高错误率及较高沟通成本。

（2）财务数据滞后。

在数据处理过程中，由于大量的数据没有电子化、结构化，数据的汇总和统计分析往往滞后，无法做到实时信息反馈。

（3）业务合规存在风险。

受限于时间和人力，某些合规和审计工作通过抽样的方式进行，无法达到100%覆盖。

4.1.2　财务机器人实现的可能性

RPA 技术是企业智能化的必经之路，其应用需要一定的前提及准备，财务机器人的可实现性由流程规范性、文件数字化程度、环境稳定性和知识充足性四个方面决定，见图 4-1。

图 4-1　财务机器人可实现性影响因素

流程规范性是指 RPA 技术的有效应用建立在企业内部具备一定标准化、规则化流程的前提下；文件数字化程度是指机器人对单据文件的处理必须建立在文件已经数字化的基础上，RPA 技术要求企业内部已基本实现信息化和数字化。

除此之外，财务机器人实现的前提还包括环境稳定性和知识充足性。

环境稳定性：财务机器人必须运行在稳定的环境下，减少网络连接速度、页面打开速度、文件打开速度、人为干扰等环境因素对财务机器人运行的影响。同时，还应当具备完善的 RPA 软件机器人异常处理机制，从而使财务机器人保持在高速度、高质量的工作状态。

知识充足性：相比传统的软件开发管理过程，RPA 技术难度有所降低，但是如果人员的知识储备充足，有一定的软件编程语言、信息化系统基础，包括熟悉对应 RPA 平台运行的知识，会更利于整个 RPA 战略的后续执行，增加 RPA 实现的可能性。

4.1.3　财务机器人带来的效益

为了提升效率，企业通常会选择增加人工或采用传统的模式开发财务软件，前者会增加人力成本和培训负担，后者的系统升级周期长，往往业务模式已经发生改变，系统还没有开发上线，成本、效率和业务敏捷性之间的折中成为企业的难题。RPA 的出现为企业提供了第三种选择，并且优势明显。财务机器人既不像增加人工那样效率不高且易出错，也不像传统模式开发软件那样需要投入较大成本，能够最大限度平衡效率与收益。

具体来说，财务机器人带来的主要效益有以下几方面：

①业务处理效率高、成本低、准确率高。与人工相比，财务机器人可以全天候不间断、快速处理大量重复工作，相比传统手工操作更为高效；财务机器人实施成本也显著低于人工成本；财务机器人能够较大限度消除人为因素的影响，且整个过程有完整、全面的按键审核记录，降低了业务风险。

②联动多个业务系统，自动完成工作。财务机器人能自动操作整个业务流程，连通各个系统，速度快，而且准确率高。

③增强流程的管控性。财务机器人的可访问性和可视性极高，能让用户监控和审核由财务机器人完成的各个流程，增加了数据可追溯性以及透明度，有助于企业的流程改善。

④有助于企业实现流程再造。财务机器人将工作流程模块化，遇到影响效率的阻碍点，利用技术手段将其攻克，能够在一连串的流程上起到替代人工、自动执行的作用，从而实现流程再造。

4.2 财务机器人的开发平台

阿里云 RPA 编辑器的开发界面主要由菜单栏、工具栏、流程面板、组件/控件/变量列表区、流程编辑区、属性面板构成。点击右下角的"日志面板"和"参数面板"，还可调出这两个面板供开发者使用，按快捷键"Ctrl+Shift+P"可调出当前机器人应用程序的代码界面。

（1）菜单栏。

菜单栏包括文件、视图、工程、设计、调试、工具、帮助 7 个菜单。其中，"文件"菜单的下拉选项包括应用程序的新建、打开、保存、关闭等功能；"视图"菜单用于"工程面板""数据视图""参数面板""日志面板"等面板的显示和隐藏，还可以对"工具栏"显示的常用工具进行选择;"工程"菜单主要用于组件管理和将本地开发的机器人应用程序发布到互联网上;"设计"菜单用于捕获控件以存储在控件列表中待用;"调试"菜单用于启动机器人的调试;"工具"菜单主要是对系统、快捷键等项目的首选项进行设置。

（2）工具栏。

工具栏中有开发者常用的一些工具，默认包括"新建工程""打开工程""保存工程""关闭工程""启动调试""组件管理""发布"等工具，开发者可以在"视图"菜单下的"工具栏"中对常用工具进行管理。

（3）流程面板。

流程面板用于对主流程和子流程进行管理，包括编辑流程、新建流程、新建分组，以及对流程的剪切、复制、粘贴、重命名、删除等。

（4）组件/控件/变量列表区。

组件/控件/变量列表区可以点击左边的"组件面板""控件库""变量库"按钮调出相应的列表。其中，"组件面板"显示网页、窗口、循环和判断、数据处理等9类已集成在编辑器里的组件;"控件库"用于显示开发者已捕获并保存的控件，方便对这些控件进行管理;"变量库"用于显示和管理开发者在开发过程中生成的各类变量，包括全局变量和流程变量。

（5）流程编辑区。

流程编辑区是RPA编辑器的核心工作区，财务机器人开发者可以在这里通过添加、拖拽等方式对组件进行自由调取和组合，以实现不同的功能。这种可视化的开发模式大大降低了财务机器人的开发难度，流程编辑区上方还会显示当前财务机器人的所有流程和正在编辑的流程。

（6）属性面板。

属性面板用于显示和设置各组件的属性，开发者点击流程编辑区里的任意组件，属性面板则显示该组件的属性，开发者可以在此对组件的各项属性进行查看和调整。

（7）日志面板。

日志面板主要用于显示机器人调试日志。日志面板能记录每一个组件调试的详细信息，如开始执行时间、动作、运行结果等，这些信息对开发人员排除机器人运行故障有重要作用。

（8）代码界面。

财务机器人的原理是在前端也就是在流程编辑区通过调用已封装好的组件进行可视化开发，但运行前需要在后台将组件编译成 Python 代码，最后通过代码去运行。在 RPA 编辑器里按快捷键"Ctrl+Shift+P"可调出当前财务机器人应用程序的代码界面。开发者既可以通过检查代码排除运行故障，也可以直接对代码进行编辑以实现特定的功能。得益于 RPA 编辑器先进的可视化开发技术，开发人员在开发过程中实现了"零代码"，大大降低了财务机器人的开发门槛，使得非计算机专业背景的财务从业人员也能掌握财务机器人开发技术。

第 3 篇
实战篇

5 RPA技术在财务领域的应用

5.1 银企对账财务机器人

5.1.1 银企对账自动化

5.1.1.1 案例背景

随着企业业务规模的不断增加和交易数据量的不断攀升，其银行账户和账单的管理也日益复杂。对企业而言，银企对账可以保证企业资金的安全，规范企业会计核算。通过银企对账，企业可以逐项核对发生的业务，核对余额和明细，及时发现和防止贪污、挪用公款以及账户被非法使用等违规违法行为的发生，确保资金安全使用；通过银企对账，企业还可以增强会计核算的准确性，加强资金的使用与管理，有效防止坏账发生，防范商务活动中的不法行为，保障企业财务运作的安全，提高资金营运效率。因此，提高银行对账单处理的效率和正确率已成为企业财务人员及管理层关注的重点问题。

银企对账需要按银行、按账户逐个进行，一个单位存在多个银行账户，每个账户的对账都要重复每一个操作步骤，导致出现以下问题：

①下载数据/文件耗时过长；

②人工对账需要大量时间、效率低下；

③人工对账存在一定的疏漏风险。

5.1.1.2 银企对账自动化

（1）实施 RPA 之前。

企业实施 RPA 之前，由人工逐个输入各银行系统的账号密码进行登录，搜索指定日期的银行对账单进行下载，并整理转换 Excel 对账单格式，再登录财务核算系统，指定界面选择账户，导入整理后的对账单，最后执行对账操作及余额调节表操作。人工对账时需重复上述步骤直至所有账户循环完毕。银企对账人工流程见图 5-1。

图 5-1　银企对账人工流程

（2）实施 RPA 之后。

企业实施 RPA 之后，财务机器人自动登录网银系统获取银行对账单信息，并自动登录财务核算系统获取账务数据，自动执行对账操作，再将结果记录至银行余额调节表，重复所有的操作至所有账户循环完毕。银企对账财务机器人流程见图 5-2。

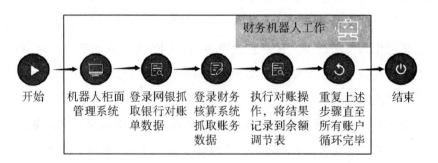

图 5-2　银企对账财务机器人流程

企业实施 RPA 之后，机器人可以按照定制化需求，导出银行对账单，并且可以实现对账单的合并与汇总，并将最终结果按要求的格式上传至系统中。

5.1.1.3 银企对账自动化带来的效益

①降低重复劳动。银企对账工作属于规范性重复工作，引入财务机器人可大大降低人力成本，释放人力至具有更高附加值的工作中。

②提升流程运行效率和质量。由财务机器人直接登录网银系统，抓取信息进行对账工作，并生成余额调节表，大大提高了银企对账的效率和质量。

③提高银企对账效率后，企业的应收、应付等资金循环周期都将变短，客户及员工的满意度得到提高。

④银企对账财务机器人的应用还会大幅降低人工风险及对企业造成损失的概率。

5.1.2 对账机器人设计

（1）数据采集。

银企对账财务机器人的数据来源为本地 Excel 文件。机器人自动从"银行对账单" Excel 文件、"银行日记账" Excel 文件中读取企业银行日记账和企业银行对账单等数据，数据采集见表5-1。

表5-1　数据采集

数据来源	文件名/网站	数据内容
本地 Excel 文件	银行对账单. xlsx	银行资金流水
	银行日记账. xlsx	企业银行日记账

（2）数据处理。

银企对账财务机器人读取数据后，进行数据的求和计算，最后对数据进行分析，数据处理见表5-2。

表 5-2 数据处理

数据清洗		数据计算		数据分析	
方法	主要内容	方法	主要内容	方法	主要内容
无		求和	计算总金额	判断	银行对账单的金额与笔数与银行日记账中是否相符
			计算异常金额笔数		
			计算异常金额合计		
			计算正确金额合计		

（3）数据输出。

银企对账财务机器人输出的内容是 Word 格式的“银行对账分析报告”。银行对账分析报告是银行对账机器人的核心输出内容，财务人员可以通过银行对账分析报告判断银行对账单与银行日记账是否相符。除余额调节表外，银行对账分析报告还包括对银行对账单的分析，涉及收入/支出汇总分析、交易笔数分析、交易金额分析、每日现金余额分析等，这些分析有助于企业进一步评估销售、采购业务，为企业的相关战略决策提供依据。

（4）文件设计。

数据输入输出的文件都需要规范化。以下是银行对账财务机器人输入输出的文件，包括“银行日记账”“银行对账单”“银行存款余额调节表”等 Excel 文件，以及“银行对账分析报告”Word 文件。

①“银行日记账”Excel 文件。该文件包括月、日、借方金额、贷方金额等数据，银行日记账样表见图 5-3。

月	日	凭证号	摘要	借方	贷方	借贷方向	总额
8	10	4		0.00	824	借	9999176.00
8	10	5		0.00	550	借	9998626.00
8	10	6		0.00	42	借	9998584.00
8	10	7		0.00	1786	借	9996798.00
8	10	8		0.00	999	借	9995799.00
8	10	9		0.00	5231	借	9990568.00
8	10	10		0.00	260	借	9990308.00
8	10	11		0.00	260	借	9990048.00
8	10	12		0.00	300	借	9989748.00
8	10	13		0.00	47	借	9989701.00
8	10	14		0.00	809.82	借	9988891.18
8	10	15		0.00	320	借	9988571.18
8	10	16		0.00	90	借	9988481.18
8	10	17		0.00	271	借	9988210.18
8	10	18		0.00	360	借	9987850.18
8	10	19		0.00	633.96	借	9987216.22
8	10	20		0.00	671.76	借	9986544.46
8	10	21		0.00	200	借	9986344.46
8	10	22		0.00	444	借	9985900.46
8	10	23		0.00	24	借	9985876.46
8	10	24		0.00	833.49	借	9985042.97
8	10	25		0.00	466	借	9984576.97

图 5-3 银行日记账样表

② "银行对账单" Excel 文件。该文件包括凭证类型、凭证号、借方金额、贷方金额等数据。

③ "银行余额调节表" Excel 文件。该文件包括数据核对页、数据异常页与余额调节表页，读取的信息将会写入数据核对页中，有异常的数据会写入数据异常页中，最后将异常数据汇总，通过计算生成银行余额调节表。

④ "银行对账分析报告" Word 文件。该文件包括封面、各公司交易笔数、各公司交易金额、银行对账结果等内容。

5.1.3 机器人开发

5.1.3.1 技术路线

银行对账财务机器人开发主要包括数据读取、数据写入、数据核对、异常金额标注和生成分析报告五个模块，

首先，利用打开 "Excel 工作簿" "读取区域" 等预制件对银行日记账与银行对账单的数据进行读取，再用 "复制文件" "写入区域" 等预制件将读取到的数据写入新建立的银行余额调节表中；其次，通过 "条件判断" "循环数组" 等预制件对银行日记账中的数据与流水进行匹配；再次，通过模拟（设置区域颜色） "写入区域" 等预制件对没有匹配上的异常金额进行标注，并生成银行余额调节表；最后，机器人通过 "批量替换" 生成银行对账分析报告。

银行对账财务机器人开发技术路线见表5-3。

表 5-3　银行对账财务机器人开发技术路线

模块	功能描述	使用的预制件
数据读取	打开从本地获取的银行日记账文件与银行对账单文件，读取日记账与对账单中的数据	打开 Excel 工作簿
		读取区域
数据写入	将读取到的数据写入数据核对页	打开 Excel 工作簿
		写入区域

表5-3(续)

模块	功能描述	使用的预制件
数据核对	将银行日记账中的数据与流水相匹配	如果条件成立
		依次读取数组中每个元素
		变量赋值
		在数组尾部添加元素
异常金额标注	将异常金额用黄色标注	依次读取数组中每个元素
		设置区域颜色
	将异常金额写入数据异常页	读取区域
		写入区域
	生成银行余额调节表	读取区域
		写入区域
生成分析报告	生成银行对账分析报告	批量替换

5.1.3.2 开发步骤

（1）流程整体设计。

步骤一：打开 UiBot Creator 软件，新建流程，并将其命名为"银行对账机器人"。从左侧拖放流程块，添加 5 个流程块，1 个"结束"，并将流程块分别改名为"数据读取""数据写入""数据核对""异常金额标注""生成结果报告"，银行对账财务机器人主界面见图 5-4。然后，添加流程图变量见表 5-4。

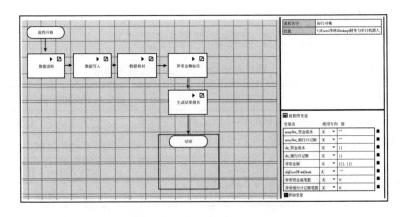

图 5-4　银行对账财务机器人设计主界面

表 5-4　流程图变量

序号	变量名	变量值
1	arrayRet_ 资金流水	" "
2	arrayRet_ 银行日记账	" "
3	dir_ 资金流水	{}
4	dir_ 银行日记账	{}
5	异常金额	[[], []]
6	objExcelWorkBook	" "
7	异常资金流笔数	0
8	异常银行日记账笔数	0

（2）数据读取。

步骤二：点击"编辑"进入第一个流程块，在左侧的"搜索"输入框中搜索添加元素，添加 2 个"打开 Excel 工作簿"、2 个"读取区域"、2 个"关闭 Exce 工作簿"，银行对账财务机器人流程图编辑界面见图 5-5，数据读取流程属性设置见表 5-5。

打开Excel工作簿，路径为"银行日记账.xlsx"，输出到objExcelWorkBook
读取区域 "A2:H79" 的值，输出到arrayRet_银行日记账
关闭Excel工作簿
打开Excel工作簿，路径为"银行对账单.xlsx"，输出到objExcelWorkBook
读取区域 "A2:H79" 的值，输出到arrayRet_资金流水
关闭Excel工作簿

图 5-5　银行对账财务机器人流程图编辑界面

表 5-5　数据读取流程属性设置

预制件名称	属性	值
打开 Excel 工作簿	输出到	objExcelWorkBook
	文件路径	@ res" 银行日记账. xlsx"

表5-5(续)

预制件名称	属性	值
读取区域	输出到	arrayRet_ 银行日记账
	工作簿对象	objExcelWorkBook
	工作表	" 银行日记账"
	区域	" A2: H79"
关闭 Excel 工作簿	工作簿对象	objExcelWorkBook
	立即保存	是
打开 Excel 工作簿	输出到	objExcelWorkBook
	文件路径	@ res" 银行对账单. xlsx"
读取区域	输出到	arrayRet_ 资金流水
	工作簿对象	objExcelWorkBook
	工作表	" 资金流水"
	区域	" A2: 179"
关闭 Excel 工作簿	工作簿对象	objExcelWorkBook
	立即保存	是

(3) 数据写入。

步骤三：点击"编辑"进入第二个流程块,在左侧的命令框中搜索添加元素,添加2个"复制文件"、1个"打开 Excel 工作簿"、2个"写入区域"流程界面见图5-6,数据写入流程属性设置见表5-6。

> 复制文件 "模板文件\银行余额调节表.xlsx" 到路径 "" 下
> 复制文件 "模板文件\银行对账分析报告.docx" 到路径 "" 下
> 打开 Excel 工作簿,路径为 "银行余额调节表.xlsx",输出到 objExcelWorkBook
> 将 arrayRet_资金流水写入 "A4" 开始的区域
> 将 arrayRet_银行日记账写入 "M4" 开始的区域

图 5-6 数据写入流程界面

表 5-6　数据写入流程属性设置

预制件名称	属性	值
复制文件	路径	@res" 模板文件 \ \ 银行余额调节表.xlsx"
	复制到的路径	@res" "
复制文件	路径	@res" 模板文件 \ \ 银行对账分析报告.docx"
	复制到的路径	@res" "
打开 Excel 工作簿	输出到	objExcelWorkBook
	文件路径	@res" 银行余额调节表.xlsx"
写入区域	工作簿对象	objExcelWorkBook
	工作表	" 数据核对页"
	开始单元格	" A4"
	数据	arrayRet_ 资金流水
	立即保存	是
写入区域	工作簿对象	objExcelWorkBook
	工作表	" 数据核对页"
	开始单元格	" M4"
	数据	arrayRet_ 银行日记账
	立即保存	是

（4）数据核对。

步骤四：点击"编辑"进入第三个流程块，添加"依次读取数组中每个元素""转为文字数据""如果条件成立则执行后续操作"以及 3 个"变量赋值"，数据核对流程界面 1 见图 5-7。其中，数据核对流程界面 1 "依次读取数组中每个元素"值为"value"，循环数组为"arrayRet_ 资金流水"，"转为文字数据"转换对象为"value［7］"，输出到"sRet"。"如果条件成立"判断表达式为"dir_ 资金流水［sRet］＝Null"。数据核对"变量赋值"属性设置 1 见表 5-7。

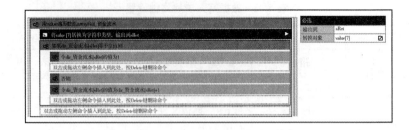

图 5-7　数据核对流程界面 1

表 5-7　数据核对"变量赋值"属性设置 1

序号	变量名	变量值
1	dir_ 资金流水［sRet］	1
2	dir_ 资金流水［sRet］	dir_ 资金流水［sRet］+1

步骤五：继续在第一个读取数组下方添加"依次读取数组中每个元素"值为"value"，循环数组为"arrayRet_ 银行日记账"，然后在遍历数组中添加"转为文字数据"，转换对象为"value［5］"，输出到"sRet"。接着在下方添加"如果条件成立"，判断表达式是"dir 银行日记账 sRet = Null"，最后添加 3 个"变量赋值"，数据核对流程界面 2 见图 5-8，数据核对"变量赋值"属性设置 2 如表 5-8 所示。

图 5-8　数据核对流程界面 2

表 5-8　数据核对"变量赋值"属性设置 2

序号	变量名	变量值
1	dir_ 资金日记账［sRet］	1
2	dir_ 资金日记账［sRet］	dir_ 资金日记账［sRet］+1

步骤六：在第二个读取数组下方添加一个"依次读取字典中每对键值"，接着在读取字典中添加"如果条件成立"，然后在否则中添加"插入元素"，最后在整个读取字典下方再添加一个"依次读取字典中每对键值"，预制件放置位置与前一个相同，数据核对流程界面 3 见图 5-9，数据核对属性设置 3 设置见表 5-9。

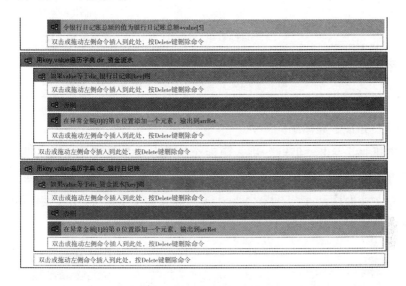

图 5-9　数据核对流程界面 3

表 5-9　数据核对属性设置 3

预制件名称	属性	值
依次读取字典中每对键值	键	key
	值	value
	字典	dir_ 资金流水
如果条件成立	判断表达式	value＝dir_ 银行日记账［key］

表5-9(续)

预制件名称	属性	值
插入元素	输出到	arrRet
	目标数组	异常金额［0］
	插入位置	0
	插入元素	key
依次读取字典中每对键值	键	key
	值	value
	字典	dir_ 银行日记账
如果条件成立	判断表达式	value＝dir_ 资金流水［key］
插入元素	输出到	arrRet
	目标数组	异常金额［1］
	插入位置	0
	插入元素	key

（5）异常金额标注。

步骤七：点击"编辑"进入第四个流程块，添加2个"变量赋值"，然后再添加1个"激活工作表"，工作簿对象为"objExcelWorkBook"，工作表为"数据核对页"，异常金额标注流程界面1见图5-10，异常金额标注属性设置1见表5-10。

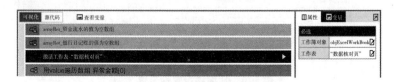

图 5-10　异常金额标注流程界面 1

表 5-10　异常金额标注属性设置 1

序号	变量名	变量值
1	arrayRet_ 资金流水	［］
2	arrayRet_ 银行日记账	［］

步骤八：在下方添加2个"依次读取数组中每个元素"、2个"转为整数数据"以及"查找数据""读取单元格""如果条件成立""设置区域颜色""读取区域""在数组尾部添加元素""变量赋值"，异常金额标注流程界面2见图5-11，异常金额标注属性设置2见表5-11。

图 5-11 异常金额标注流程界面 2

表 5-11 异常金额标注属性设置 2

预制件名称	属性	值
依次读取数组中每个元素	值	value
	数组	异常金额［0］
转为整数数据	输出到	value
	转换对象	value

表5-11(续)

预制件名称	属性	值
查找数据	输出到	objRet
	工作簿对象	objExcelWorkBook
	工作表	"数据核对页"
	区域	"A1：K80"
	查找数据	value
	返回索引	是
	全部返回	是
依次读取数组中每个元素	值	item
	数组	objRet
读取单元格	输出到	num
	工作簿对象	objExcelWorkBook
	工作表	"数据核对页"
	单元格	"H" &item [0]
转为整数数据	输出到	num
	转换对象	num
如果条件成立	判断表达式	num = value
设置区域颜色	工作簿对象	objExcelWorkBook
	工作表	"数据核对页"
	区域	"A" &item [0] &"：K" &item [0]
	颜色	[255, 255, 0]
	立即保存	是
读取区域	输出到	arrayRet
	工作簿对象	objExcelWorkBook
	工作表	"数据核对页"
	区域	"A" &item [0] &"：K" &item [0]

表5-11（续）

预制件名称	属性	值
在数组尾部 添加元素	输出到	arrayRet_ 资金流水
	目标数组	arrayRet_ 资金流水
	添加元素	arrayRet［0］
变量赋值	变量名	异常资金流笔数
	变量值	异常资金流笔数+1

步骤九：在上一个读取数组下方再添加一个"依次读取数组中每个元素"，添加的预制件与步骤八相同，异常金额标注流程界面3见图5-12，异常金额标注属性设置3见表5-12。

图5-12 异常金额标注流程界面3

表5-12 异常金额标注属性设置3

预制件名称	属性	值
依次读取数组中 每个元素	值	value
	数组	异常金额［1］

表5-12(续)

预制件名称	属性	值
转为整数数据	输出到	value
	转换对象	value
查找数据	输出到	objRet
	工作簿对象	objExcelWorkBook
	工作表	"数据核对页"
	区域	"M1：U81"
	查找数据	value
	返回索引	是
	全部返回	是
依次读取数组中每个元素	值	item
	数组	objRet
读取单元格	输出到	num
	工作簿对象	objExcelWorkBook
	工作表	"数据核对页"
	单元格	"R"&item[0]
转为整数数据	输出到	num
	转换对象	num
如果条件成立	判断表达式	num＝value
设置区域颜色	工作簿对象	objExcelWorkBook
	工作表	"数据核对页"
	区域	"M"&item[0]&"：U"&item5[0]
	颜色	[255,255,0]
	立即保存	是
读取区域	输出到	arrayRet
	工作簿对象	objExcelWorkBook
	工作表	"数据核对页"
	区域	"M"&item[0]&"：U"&item5[0]

表5-12(续)

预制件名称	属性	值
在数组尾部 添加元素	输出到	arrayRet_ 资金流水
	目标数组	arrayRet_ 资金流水
	添加元素	arrayRet [0]
变量赋值	变量名	异常银行日记账笔数
	变量值	异常银行日记账笔数+1

步骤十：在第二个读取数组下方添加"激活工作表"，工作表为"数据异常页"，然后添加4个"写入区域"、2个"写入单元格"、2个"读取单元格"、2个"读取区域"，最后添加"关闭Excel工作簿"，异常金额标注流程界面4见图5-13，异常金额标注属性设置4见表5-13。

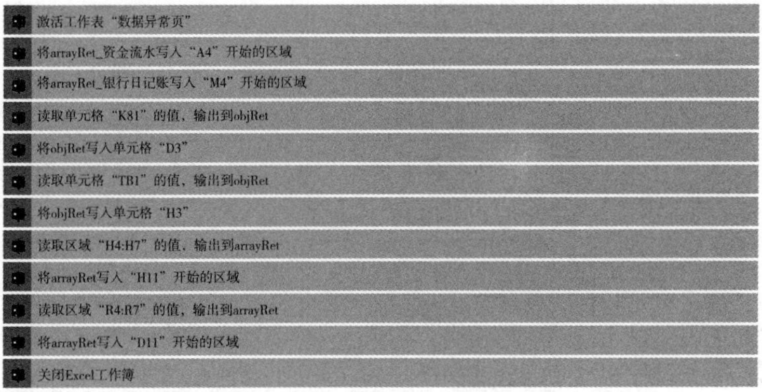

图5-13　异常金额标注流程界面4

表 5-13　异常金额标注属性设置 4

预制件名称	属性	值
激活工作表	工作簿对象	objExcelWorkBook
	工作表	" 数据异常页"
写入区域	工作簿对象	obiExcelWorkBook
	工作表	" 数据异常页"
	开始单元格	" A4"
	数据	arrayRet_ 资金流水
	立即保存	是
写入区域	工作簿对象	obiExcelWorkBook
	工作表	" 数据异常页"
	开始单元格	" M4"
	数据	arrayRet_ 银行日记账
	立即保存	是
读取单元格	输出到	objRet
	工作簿对象	objExcelWorkBook
	工作表	" 数据核对页"
	单元格	" K81"
写入单元格	工作簿对象	objExcelWorkBook
	工作表	" 余额调节表"
	单元格	" D3"
	数据	objRet
	立即保存	是
读取单元格	输出到	objRet
	工作簿对象	objExcelWorkBook
	工作表	" 数据核对页"
	单元格	" T81"

表5-13(续)

预制件名称	属性	值
写入单元格	工作簿对象	objExcelWorkBook
	工作表	"余额调节表"
	单元格	"H3"
	数据	objRet
	立即保存	是
读取区域	输出到	arrayRet
	工作簿对象	objExcelWorkBook
	工作表	"数据异常页"
	区域	"H4：H7"
写入区域	工作簿对象	objExcelWorkBook
	工作表	"余额调节表"
	开始单元格	"H11"
	数据	arrayRet
	立即保存	否
读取区域	输出到	arrayRet
	工作簿对象	objExcelWorkBook
	工作表	"数据异常页"
	区域	"R4：R7"
写入区域	工作簿对象	objExcelWorkBook
	工作表	"余额调节表"
	开始单元格	"D11"
	数据	arrayRet
	立即保存	否
关闭 Excel 工作簿	工作簿对象	objExcelWorkBook
	立即保存	是

（6）生成结果报告。

步骤十一：点击"编辑"进入第五个流程块，首先添加一个"打开文档"然后添加"获取时间""获取年份""获取月份""获取第几天""转为小数数据""打开 Excel 工作簿""读取单元格",以及 4 个"转为文字数据"和 4 个"文字批量替换",生成结果报告流程界面 1 见图 5-14,生成结果报告属性设置 1 见表 5-14。

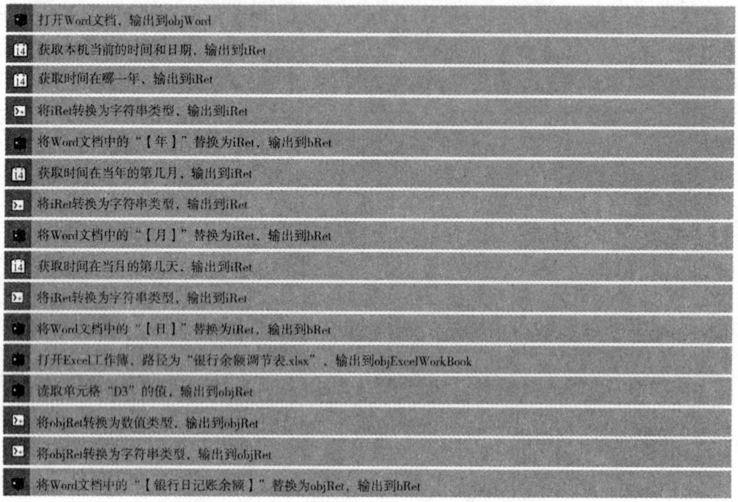

图 5-14 生成结果报告流程界面 1

表 5-14 生成结果报告属性设置 1

预制件名称	属性	值
打开文档	输出到	objWord
	文件路径	@ res"银行对账分析报告. docx"
获取时间	输出到	tRe
获取年份	输出到	iRet
	时间	tRet
转为文字数据	输出到	iRet
	转换对象	iRet
文字批量替换	匹配字符串	"年"
	替换字符串	iRet

表5-14(续)

预制件名称	属性	值
获取月份	输出到	iRet
	时间	tRet
转为文字数据	输出到	iRet
	转换对象	iRet
文字批量替换	匹配字符串	"月"
	替换字符串	iRet
获取第几天	输出到	iRet
	时间	tRet
转为文字数据	输出到	iRet
	转换对象	iRet
文字批量替换	匹配字符串	"日"
	替换字符串	iRet
打开 Excel 工作簿	输出到	objExcelWorkBook
	文件路径	@ res"银行余额调节表. xlsx"
读取单元格	输出到	objRet
	工作簿对象	obiExcelWorkBook
	工作表	"余额调节表"
	单元格	"D3"
转为小数数据	输出到	objRet
	转换对象	objRet
转为文字数据	输出到	objRet
	转换对象	objRet
文字批量替换	匹配字符串	"银行日记账余额"
	替换字符串	objRet

步骤十二：接着在下方继续添加"读取单元格""转为小数数据""转为文字数据""文字批量替换"各4个，最后添加"关闭 Excel 工作簿"和"关闭指定的 Word 文档"，生成结果报告流程界面2见图5-15，

生成结果报告属性设置 2 见表 5-15。

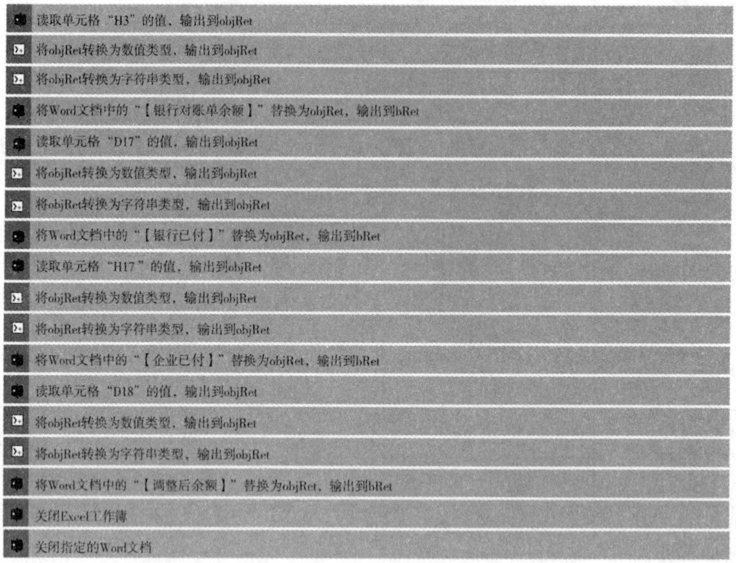

图 5-15　生成结果报告流程界面 2

表 5-15　生成结果报告属性设置 2

预制件名称	属性	值
读取单元格	输出到	objRet
	工作簿对象	objExcelWorkBook
	工作表	"余额调节表"
	单元格	"H3"
转为小数数据	输出到	objRet
	转换对象	objRet
转为文字数据	输出到	objRet
	转换对象	objRet
文字批量替换	匹配字符串	"银行对账单余额"
	替换字符串	objRet

表5-15(续)

预制件名称	属性	值
读取单元格	输出到	objRet
	工作簿对象	objExcelWorkBook
	工作表	"余额调节表"
	单元格	"D17"
转为小数数据	输出到	objRet
	转换对象	objRet
转为文字数据	输出到	objRet
	转换对象	objRet
文字批量替换	匹配字符串	"银行已付"
	替换字符串	objRet
读取单元格	输出到	objRet
	工作簿对象	objExcelWorkBook
	工作表	"余额调节表"
	单元格	"H17"
转为小数数据	输出到	objRet
	转换对象	objRet
转为文字数据	输出到	objRet
	转换对象	objRet
文字批量替换	匹配字符串	"企业已付"
	替换字符串	objRet
读取单元格	输出到	objRet
	工作簿对象	objExcelWorkBook
	工作表	"余额调节表"
	单元格	"D18"
转为小数数据	输出到	objRet
	转换对象	objRet

表5-15(续)

预制件名称	属性	值
转为文字数据	输出到	objRet
	转换对象	objRet
文字批量替换	匹配字符串	"调整后余额"
	替换字符串	objRet
关闭 Excel 工作簿	工作簿对象	objExcelWorkBook
	立即保存	是
关闭文档	文档对象	objWord
	关闭进程	是

　　步骤十三：继续在下方添加3个"转为文字数据"和3个"文字批量替换"，最后添加"关闭 Excel 工作簿"和"关闭指定的 Word 文档"，生成结果报告流程界面3见图5-16，生成结果报告属性设置3见表5-16。

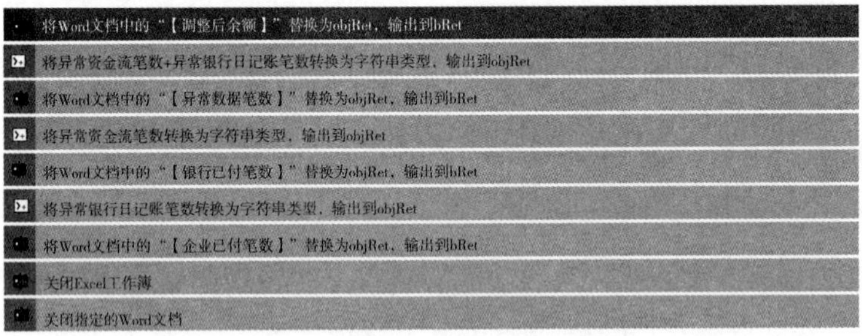

图 5-16　生成结果报告流程界面 3

表 5-16　生成结果报告属性设置 3

预制件名称	属性	值
转为文字数据	输出到	objRet
	转换对象	异常资金流笔数+异常银行日记账笔数
文字批量替换	匹配字符串	"异常数据笔数"
	替换字符串	objRet

表5-16(续)

预制件名称	属性	值
转为文字数据	输出到	objRet
	转换对象	异常资金流笔数
文字批量替换	匹配字符串	"银行已付笔数"
	替换字符串	objRet
转为文字数据	输出到	objRet
	转换对象	异常银行日记账笔数
文字批量替换	匹配字符串	"企业已付笔数"
	替换字符串	"企业已付笔数"
关闭 Excel 工作簿	工作簿对象	objExcelWorkBook
	立即保存	是
关闭文档	文档对象	objWord
	关闭进程	是

银行对账财务机器人运行的结果主要为银行对账分析报告。银行对账分析报告包含封面、分析目的、分析内容与分析结论,涉及金额加总、交易笔数、交易金额、每日现金余额等指标的分析。

5.2 报表财务机器人

5.2.1 总账到报表

5.2.1.1 应用背景与流程

总账到报表是指从日常记账、对账、期末关账到最后出具报表的全流程,其中标准记账分录处理、对账、期末关账、财务报表出具等工作可借助财务机器人完成。

财务机器人在总账到报表流程中的应用见图5-17。

标准记账分录　　对账　　　期末关账　　单体报表出具　合并报表出具
处理

图 5-17　财务机器人在总账到报表流程中的应用

首先，对于标准的记账分录，财务机器人周期性地对账务进行记录和结转。同时，财务机器人每日自动完成对账和调节表打印工作。在期末，财务机器人自动进行现金盘点、银行对账、销售收入确认、应收账款对账等关账工作，如发现异常，发送预警报告给相关负责人；如对账无误，则自动进行账务处理。其次，财务机器人自动完成数据汇总、合并抵销、邮件催收、系统数据导出及处理等工作，自动出具模板化的单体报告。最后，财务机器人实时监控收件箱，收集各公司报送的月报文件并发出催收提醒，再对子公司报送数据进行汇总，并根据抵销规则生成合并抵销分录，生成当月合并报表。

5.2.1.2　期末关账财务机器人

（1）案例背景。

期末关账是企业总账到报表阶段中较为重要的业务，包括现金、销售、应收应付、关联方、存货等方面的盘点与确认，涉及企业各方面的财务数据。

（2）业务流程及痛点分析。

传统的期末关账处理涉及大量财务数据和业务数据，全靠人工操作。整个过程不仅操作烦琐，而且会耗费财务人员大量的时间和精力，效率较低。

期末关账业务流程见图 5-18。期末关账业务流程步骤如下：

①财务人员登录 ERP 系统，点击关账检查请求，确认有无例外事项，若无例外事项，由财务人员进行人工检查。

②系统关账检查无误后，财务人员点击过账请求，若有例外事项，由财务人员进行人工检查。

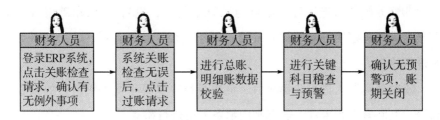

图 5-18 期末关账业务流程

③财务人员进行总账、明细账数据的校验，包括应付账款明细账与试算平衡表核对、应收/应付账龄报告与试算平衡表核对等。

④财务人员进行关键科目的稽查与预警，包括关键科目核查与预警、负数科目核查与预警等。

⑤若无预警项，关账检查流程结束，账期关闭。

（3）自动化流程。

为了解决传统的期末关账业务流程操作烦琐、耗时较长、效率较低等痛点，该企业采用了 RPA 期末关账自动化解决方案，利用期末关账财务机器人实现了期末关账业务流程自动化。

期末关账自动化流程如图 5-19 所示。

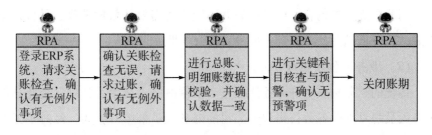

图 5-19 期末关账自动化流程

期末关账自动化流程步骤如下：

①财务机器人登录 ERP 系统，进行明细账关账检查，判断有无例外事项，若有则由财务人员检查。

②系统关账检查无误后，财务机器人将明细账数据过入总账，判断有无例外事项，若有则由财务人员检查。

③财务机器人进行应付账款与试算平衡表、应付/应收账龄报告与试算平衡表等总账明细账数据的校验，判断是否一致，若不一致，由财务人员进行检查。

④财务机器人进行关键科目、负数科目等试算平衡关键科目的核查与预警，判断有无预警项，若有则由财务人员进行检查。

⑤检查完毕，关账检查流程结束，财务机器人关闭账期。

（4）流程自动化的收益。

企业运用期末关账财务机器人后，原本在 ERP 系统中的人工操作由财务机器人代替。财务机器人的应用，提高了关账检查、过账、校验等业务步骤的速度，整个工作过程高效且出错率低，减轻了财务人员的工作负担，财务人员可以将工作重心放在纠错的任务中。

5.2.1.3　合并报表出具机器人

（1）案例背景。

某大型跨国企业在全球各地拥有 30 多家子公司，其业务主要包括通信网络、IT、智能终端和云服务。为了编制企业的合并报表，企业需要各个子公司提供相关财务数据。对于该大型跨国企业来说，编制一份集合了各子公司及分支机构的合并财务报表并不轻松，需要从数据催收、科目余额汇总、合并抵销开始，直到生成最后的财务报表。

（2）业务流程及痛点分析。

传统的财务报表合并业务流程完全依靠财务人员手工处理，企业总部财务人员每月须向各分公司和子公司的财务人员催收月报表，经过手工汇总数据、合并抵销处理，生成该月的合并财务报表。这个过程涉及大量的数据采集、汇总与核验，工作量大，耗费时间长，并且长时间的重复性工作需要消耗大量人力，成本较高。

合并报表出具业务流程见图 5-20。合并报表出具业务流程步骤如下：

①财务人员每月需要向各分公司和子公司的财务人员催收月报表。

②财务人员对收集的月报表进行数据汇总。

③财务人员对汇总的数据进行合并抵销处理。

④财务人员根据处理的数据形成当月的合并财务报表。

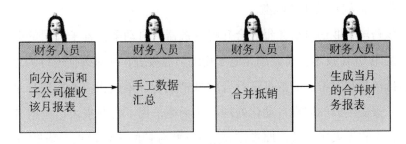

图 5-20　合并报表出具业务流程

（3）自动化流程。

为了解决传统的财务报表合并业务流程操作烦琐、耗费时间长、效率太低等痛点，该大型跨国企业采用了"RPA+OCR"财务报表合并自动化解决方案，利用合并报表出具财务机器人实现了合并财务报表流程自动化，提高了财务数据汇总工作的效率。

合并报表出具自动化流程见图 5-21。

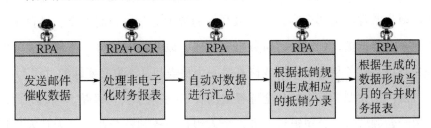

图 5-21　合并报表出具自动化流程

合并报表出具自动化流程步骤如下：

①财务机器人使用 E-mail 自动化等技术发送邮件，向各分公司和子公司的财务人员催收月报表。

②财务机器人使用 OCR 自动化技术，处理非电子化财务报表，使之转换为电子财务数据。

③财务机器人自动对收集的月报表进行数据汇总。

④财务机器人自动根据抵销规则对汇总的数据进行合并抵销处理，并生成相应的抵销分录。

⑤财务机器人根据生成的数据形成当月的合并财务报表。

（4）流程自动化的收益。

该跨国企业通过财务报表合并财务机器人自动采集各子公司的财务数据，使用 OCR 技术自动处理非电子化的财务报表，并对数据进行汇总，再根据抵销规则对汇总的数据进行合并抵销处理，生成相应的抵销分录，实现财务报表生成的流程自动化处理。该企业采用了合并报表出具财务机器人后，全程无人工干预，原来需要近 4 000 分钟的工作量现在降低到了 45 分钟，效率大幅提升。财务数据汇总工作也由原来的全人工操作转变为全部由财务机器人操作，极大地缩短了财务报表的生成周期，节约了时间，提高了效率，释放了人力。

5.2.2 总账到报表流程的机器人案例——合并报表自动化

（1）案例背景。

对于大型跨国企业来说，一份集合各子公司及分支机构的合并财务报表的诞生常常不会那么容易：从最开始的数据催收、查阅汇率、科目余额汇总、合并抵销，到最后的财务报告生成，以及核对校验……这些繁复的操作对许多财务从业者来说或许都是一个枯燥却又不失必要性的过程。

国内某大型国有银行在全球各地拥有 30 多家子公司以及 50 多家分行，主要经营领域包括公司银行业务、个人银行业务和资金业务，为其客户提供全面的金融服务。总行从若干年前开始打造了一款高度一体化的核心业务系统，旨在支持全行海内外各级分支机构的全功能信息化平台。该平台上线后，通过 RPA 流程自动化，成功解决了近年来在业务过程中积累起来的诸多问题，在大力开展信息化建设的过程中妥善解决了许多部门的痛点。

（2）合并报表自动化。

实施 RPA 之前，该银行财务会计部每月需从各分行及子公司催收该月报表，经过手工汇总及合并抵销处理，编制完成该月的集团合并财务报告。而财务机器人的应用使这一工作得到了很大改善。

该银行梳理了财务会计部的业务流程，评估并选择人工用时较长的月度财务报告流程，对其进行流程自动化实施工作。通过梳理月报流程，识别出了四个可自动化的步骤：系统数据导出及处理、邮件数据催收、数据汇总及合并抵销、财务报告生成。

经过三周时间的配置测试，实现了上述四个步骤的流程自动化：

①财务机器人从系统中导出所需数据，并根据规则完成汇率数据和当月境内外合并数据的处理和计算，计算出期末余额并对结果进行检查。

②财务机器人实时监控收件箱，收集各子公司报送的月报文件并发出催收提醒。

③对子公司报送数据进行汇总，并根据抵销规则生成合并抵销分录。

④财务机器人根据生成的数据，形成当月财务报告。

（3）合并报表自动化收益。

财务会计部整合了新系统和财务机器人解决方案，通过两个尖端科技的紧密结合进一步提升了部门业务流程的自动化和智能化水平。在处理能力和效率上，财务机器人自动为该银行完成了月度财务报告流程中的全部4个子流程，累计在约45分钟独立运行时间内完成客户原需3 960分钟才能完成的工作量，效率提升了98.7%（见图5-22）。

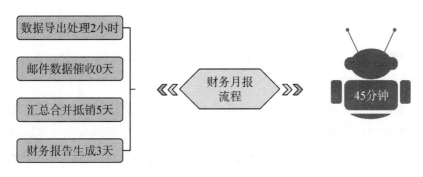

图 5-22　传统流程所需时间与机器人对比

合并报表流程上财务机器人的应用，使报表数据能够自动汇总和合并抵销，实现了财务报表的全自动生成，极大地缩短了财务报告的生成周期。此外，财务机器人还可以及时发现并响应异常情况，降低人力成本，员工可以把工作重心转移到具有更高附加值的工作上。

（4）小结。

财务机器人在费用报销流程、采购到付款流程、订单到收款流程、资金流程、税务流程以及总账到报表流程中均被广泛应用，从不同的财务机器人的案例中可以看出 RPA 不仅在优化财务任务处理方面拥有巨大的成本效率优势，而且能够代替重复性手工操作，全天候待命，极大地节约了时间、释放了人力。在未来可以预见的是，RPA 将逐渐扩展应用层面，成为未来智慧型企业不可或缺的一部分，并在企业财务管理变革中发挥更大的辅助作用。在这个飞速发展的时代，企业应该走在时代的前沿，借力科学技术的发展积极转型，以更好地应对未来的机遇与挑战。

5.3 收付款财务机器人

5.3.1 采购到付款流程的机器人案例

案例：发票与订单核对流程自动化

（1）案例背景。

不论在哪个企业，发票到付款流程都非常关键，而且具备较高的风险。发票到付款流程涉及许多人工对账，以及团队之间的沟通工作，在这个手动流程中，企业需要花费大量时间来梳理发票、核对发票与订单的一致性，并处理付款事宜，可能无法保证按时付款给供应商。

某 IT 公司采购部每年要与数千家供应商打交道，管理的交易金额高达数十亿美元。这些交易每年会生成约 200 万张发票，采购部必须立即处理这些发票，并支付相应的款项。他们以电子方式接收发票并支付资金，但有时因为发票与相关采购订单之间的不一致，财务部门无法按照发票上的金额支付资金。而消除这些流程障碍需要大量人工干预，这又会耽误发票的处理。

（2）发票与订单核对流程自动化。

该公司采购部通过财务机器人的应用，自动执行发票与采购订单的核对流程。为了做好实施准备，采购部针对流程的每个步骤进行了一次动作研究，设计最可行的解决方案，从而提高利益相关者的价值、效率和生产力。

实施项目分为三步：

①设计流程图，包括现有的流程和未来的流程。

②创建概念验证。

③开发机器人，机器人将自动识别发票和采购订单之间价格和数量的不匹配或异常情况，为采购商提供下一步行动建议，以便解决未结发票问题，见图5-23。

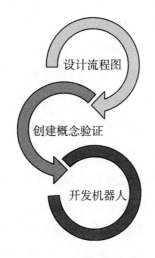

图 5-23　实施步骤

（3）实施 RPA 的收益。

该公司采购部利用财务机器人完成大量重复性任务，自动执行发票与订单的核对流程，从而节约时间和精力，提高处理质量，并规避风险、加大管控力度。

①实现自动化后，机器人管理着 95% 的发票，只有不到 10% 的发票需要人工处理。因此，采购商可以专注于更高价值的任务。

②自动化技术能够让核对流程保持全天候进行，极大地节省了时间。

③通过加快处理发票，缩短发票周转时间，每张发票的处理周期从 32 分钟缩短到了 90 秒。

④发票自动验证，有效规避了人工查验的疏漏和风险，提高了发票处理质量。

5.3.2 订单到收款流程的机器人案例

案例：增值税发票开具流程自动化

（1）案例背景。

某行业领先的低压配电及工业自动化全面解决方案供应商，产品广泛应用于电力、能源、建筑、工业、基础设施、冶金和航天等行业。目前，该企业在中国大陆拥有超过 10 000 名员工，产品销往 50 个国家。随着企业规模不断扩大、销售业务不断拓展，公司财务部门专职负责开票的员工每月需要收集全国 600 余家销售客户的数万份销售记录，按照客户的需求开具 5 000 余张增值税发票。每到月末，财务部门需要加班到深夜，以完成平日 3~4 倍的工作量，保证月结顺利结束。

（2）开票流程自动化。

在开票过程中，财务人员需要收集并识别符合开票标准的销售单类型，再根据客户需求选择特定金额的销售单，从 SAP（System Application and Products，简称 SAP）系统中导出待开票的数据，经手工修改特定要求后，导入发票管理系统中完成开票操作，并将开票完成的记录回传进 SAP 系统，才能最终完成一次开票操作。为了提高财务部门人员配置的合理性和有效性，该企业基于如下标准，设计相应的程序，运用 RPA 优化了财务开票流程。

①在充分了解客户需求、全面梳理业务流程的基础上，对复杂的事务进行优化、顺序调整或合并，以期达到减少人机交互次数、缩短跨部门跨

业务等待时间的目的。

②在拆分、细化复杂事务，形成模块化流程的基础上，对简单的流程规范操作步骤、定义执行标准统一管理模式，以期获得最佳运营秩序和规模效益。

③在操作环节结构化、操作步骤规范化的基础上，进行机器人自动化设计、开发和测试，并对自动化运行的结果进行记录，以期达到解放重复性劳动力、实时监控运营情况的目的。

（3）开票流程自动化的收益。

运用 RPA 进行增值税发票开具后，每个开票流程可由 20 分钟缩减到 5 分钟，每个全职员工每天的工作时间可缩短 6 小时，效率提升 75%，而且在月末关账的峰值时段，机器人 7×24 小时地不间断工作能够很好地缓解财务人员的工作压力，见图 5-24。

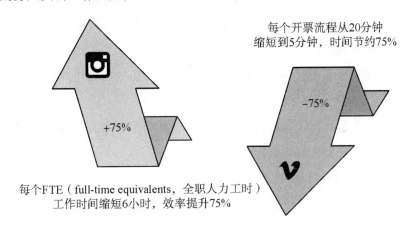

图 5-24　开票流程自动化收益

自动化实施后，大多数开票操作由财务机器人自主完成，财务工作人员只需负责在发票打印完成后审核盖章，从机械的劳动工作者转变成了机器人的管理者，提高了财务部门人员配置的合理性和有效性，达到了人力资源和工作强度的"削峰填谷"。

5.3.3 资金流程的机器人案例

案例：付款流程自动化

（1）案例背景。

付款业务是财务共享中心或财务部门日常工作中最重要的流程之一，也是风险较大的业务流程之一。传统工作模式下的付款流程主要依赖于人工操作，对于大型集团企业，由于合作银行众多，付款主体多，存在诸多痛点：

①需要人工频繁切换登录多家不同银行的网银进行付款操作，集团企业可能存在多种支付方式和明细指令类型，操作烦琐耗时，操作效率较低。

②人工处理付款数据差错率较高，带来较大的资金管理风险。

③资金支付指令发送后，银行不能实时返回成功/失败结果，需要人工不定期登录查询。

④银企对账需要财务人员将各家银行网银导出的数据与内部系统数据逐笔核对，耗费大量时间。

⑤大量重复操作带来较高的人力成本，耗费了财务人员的精力，导致其无法从事资金管理等更有价值的工作。

（2）付款财务机器人。

①登录网银。财务机器人按照付款账户银行要求进行登录操作，也支持接受动态码登录操作。

②付款数据输入与提交。财务人员按照预设路径，保存按照规范格式命名的 Excel 付款清单；财务机器人从清单中逐笔读取数据，根据企业设置的编码规则，针对每笔付款数据生成付款码；财务机器人将付款数据输入网银，将生成的付款码填入网银的备注框；提交付款审批。

③反馈执行结果。财务机器人执行完付款表中的待付款数据后，向用户反馈每笔执行结果，并生成付款执行结果表。

④查询银行付款情况。财务机器人定时查询网银付款信息，将已支付

的付款数据标记为已出账状态，未支付的付款数据保持未出账状态。

⑤ERP 系统入账。财务机器人将已输入、已出账的付款数据导入 ERP 系统，匹配单据号、发票号，生成相应的凭证。

⑥企业对账。财务机器人将银行交易明细与 ERP 入账明细进行比对，标记出银行已出账企业已入账、银行已出账企业未入账、银行未出账企业未入账的付款数据。付款机器人工作流程见图 5-25。

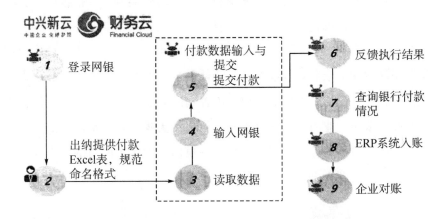

图 5-25　付款机器人工作流程

（3）财务机器人的优势。

财务机器人显著提高了付款效率，促进企业成本节约、风险降低和价值增值。

①付款效率显著提升，而且财务机器人可在非工作时间进行处理，工时显著下降，可节约大量人力成本。

②机器人基于明确规则的操作避免了人为操作风险，付款业务处理错误率接近于 0。

③全自动化的流程同时提高了财务人员和收款方的满意度。

④将员工从低效繁复的工作中释放出来，从事更有价值的业务，促进财务部门和集团企业整体价值的提升。

5.4 报销财务机器人

5.4.1 业务描述

费用报销业务活动具有发生频率较高、费用种类较多、报销制度要求较细、涉及人员范围较广、消耗时间较长的特点。在企业实际工作中，费用报销人员首先要在 OA 系统中申请报销，经过审批后，会计人员先根据发生费用的用途，依照会计准则选择会计科目，根据费用种类分类别设计明细核算科目，根据财务管理要求，设置辅助账进行核算。完成会计核算后，经办人依照企业内部管理流程及公司报销流程，提请部门、财务、管理层审核审批后，财务部支付报销款，并根据费用发生的目的、内容等进行账务处理，见图 5-26。

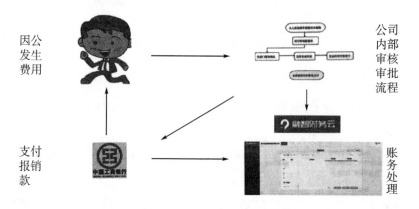

图 5-26 报销业务流程示意图

5.4.2 任务——费用计提机器人的应用

5.4.2.1 任务描述

营销副总经理王英一直非常关注公司品牌的打造，2021 年 12 月 1 日，公司与安平市魅力广告有限公司达成协议，当月在安平市电视台播放为期

15天的电视广告，广告费用金额为159 000元。当天，安平市魅力广告有限公司开出增值税普通发票。销售部余静按照协议内容和发票金额，提交费用报销申请。经权限审批人审核批准后，财务部刘东强需要完成该费用报销业务的记账凭证编制，相关票据见图5-27。

财务部刘东强需要完成该费用报销业务的记账凭证编制。

费用报销业务的付款统一由财务部刘东强提交费用付款申请，经权限审批人审核批准后，财务部通过中国工商银行网上银行进行转账汇款，并在财务软件中完成该费用付款业务的记账凭证编制。

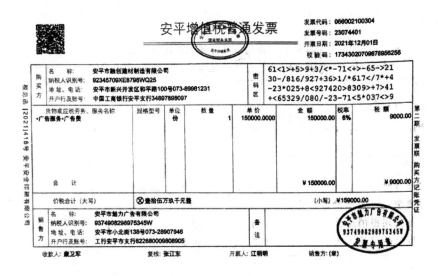

图5-27 增值税普通发票

5.4.2.2 任务分析

报销财务机器人是对企业日常经营管理过程中发生的费用报销业务进行自动账务处理的财务机器人，费用报销业务主要包括差旅费、办公费、业务招待费等各类费用支出经济业务。企业各类费用支出发生频繁、种类繁多、财务核算要求多样，但其规则明确，适合引入财务机器人代替人工，运用财务机器人将极大地提高工作效率。

通过分析费用报销业务活动，本书将其划分为2个各自独立存在且有关联的财务机器人：①费用计提机器人。费用计提机器人根据费用计提信息，在财务软件中完成相应会计凭证的编制。②费用付款机器人。根据费用付款信息，费用付款机器人在网上报销完成报销款项支付，下载银行付款回单作为会计原始凭证，在财务软件中完成相应会计凭证的编制。

（1）费用计提机器人的流程分析。

根据费用报销业务的流程和报销业务机器人的划分，费用计提机器人的功能是根据费用报销信息，在财务软件中完成相应会计凭证的编制。

（2）费用计提机器人的数据分析。

根据费用计提机器人的工作流程，分析费用计提业务中财务机器人的业务活动发生时间/条件、涉及软件/平台、流程顺序见表5-17。

表5-17　费用计提机器人的运行信息

机器人类型	发生时间/条件	涉及软件/平台	流程顺序
费用计提机器人	审批完成的费用计提申请	财务云平台	编制记账凭证（财务软件）

以任务要求为例，费用计提机器人的数据关系见表5-18。

表5-18　费用计提机器人的数据关系

序号	数据项目	业务数据	数据来源			财务机器人工作环境
说明	名称	业务	OA系统（RAD）			财务云平台
			直接填写	选择填写	自动生成	填制凭证
1	费用类型	广告费		√		
2	报销事项	报销广告费	√			
3	金额/元	159 000	√			借方金额/贷方金额
4	支付类别	对公		√		
5	收款人名称	郑州市魅力广告有限公司	√			
6	申请人	张欢		√		
7	申请部门	销售部		√		借方辅助账（部门）
8	申请日期	2021-12-01	√			
9	部门负责人	王英			√	
10	审批时间	2021-12-01			√	
11	公司负责人	周宏			√	

表5-18(续)

序号	数据项目	业务数据	数据来源		财务机器人工作环境
12	审批时间	2021-12-01		√	记账日期
13	模板凭证编号	101			选择模板-编号

相关知识

企业发生的费用报销业务活动与企业经营管理有紧密关联，安平市融创建材制造有限公司根据报销业务活动的内容，对各类费用报销业务活动的事项进行了如下分类：

①广告费，是指通过媒介宣传或发放赠品等方式，激发消费者对其产品或劳务的购买欲望，以达到促销目的所支付的费用。企业广告宣传职责由销售部门承担，在会计核算中记入"销售费用"科目。

②包装费，是指商品销售时所使用的包装物（如纸箱、木箱、木笼、铁桶、铁罐等），耗用的各种包装材料（铁钉、麻布、铁丝、口袋、木板、纸张、防潮油毡等），改装、换装、修补包装费用等。企业销售部门负责销售商品，对销售商品时发生的包装费用进行管控，在会计核算中记入"销售费用"科目。

③办公费，是指各部门耗用的文具费、印刷费、邮电费、办公用品费、绿植租赁费及报纸杂志费等办公费用。企业各个部门均会发生办公费用，在会计核算时，生产车间发生的办公费记入"制造费用"科目，其他管理部门发生的办公费记入"管理费用"科目。

④差旅费，是指出差期间因办理公务而产生的交通费、住宿费和公杂费等各项费用。企业各个部门均会发生差旅费用，在会计核算中记入"管理费用"科目。部分企业因管理要求，会在销售费用中设置二级明细科目用于核算销售人员发生的差旅费用，融创建材公司财务核算制度规定，差旅费均在管理费用中统一核算。

⑤业务招待费，是指企业为业务经营的合理需要而支付的招待费用。企业各个部门均会发生业务招待费用，在会计核算中记入"管理费用"科目。

⑥劳动保护费，是指因工作需要为雇员配备或提供工作服、手套、安全保护用品等所发生的支出。企业各个部门均会发生劳动保护费用，在会计核算时，记入"管理费用"科目。部分企业因管理要求，会在制造费用中设置二级明细科目用于核算生产车间工人发生的劳动保护费，融创建材公司财务核算制度规定，劳动保护费均在管理费用中统一核算。

⑦修理费，是指企业对固定资产、低值易耗品的修理维修费用。例如办公室桌椅的维修费、电脑打印机的维修费等。生产车间机器设备的维修耗材费用，因金额较大，按照采购业务进行管理，不在此列。企业各个部门均会发生修理费用，在会计核算中记入"管理费用"科目。

⑧水电费，是指企业在生产经营过程中消耗的水、电等能源费用，也是企业通常会发生的能源支出。部分企业还可能发生燃气、汽油、柴油等费用，因此可能将本费用命名为能源费。办公楼发生的水电费用，由总经办负责管理并办理报销付款手续，记入"管理费用"科目。厂房车间发生的水电费用，由维修车间负责管理并办理报销付款手续，记入"制造费用"科目。此类事项由企业内部管理分工决定。

⑨福利费，是指用于增进职工物质利益，帮助职工及其家属解决某些特殊困难和兴办集体福利事业所支付的费用，如企业年会、节假日发放的福利品、部门聚餐等费用开支。福利费在会计核算时通过计提的方式记入"管理费用""销售费用""制造费用"科目，贷方在"应付职工薪酬——应付福利费"科目中核算。福利费在实际发生时通过"应付职工薪酬——应付福利费"科目列支。

⑩职工教育经费，是指企业按工资总额的一定比例提取用于职工教育事业的一项费用，是企业为职工学习先进技术和提高文化水平而支付的费用，如员工岗前培训费、图书资料费用等。职工教育经费在会计核算时通过计提的方式记入"管理费用""销售费用""制造费用"科目中，贷方在"应付职工薪酬——应付职工教育经费"科目核算，实际发生时通过"应付职工薪酬——应付职工教育经费"科目列支。

⑪其他费用，是指各部门发生的非单独做二级明细科目核算、零星、

金额较小的费用，如商标注册手续费、网站维护费等。会计核算时，根据发生费用的部门，其他费用分别在"销售费用""管理费用""制造费用"科目中核算。

需要说明的是，费用核算在会计制度中仅针对一级核算科目有说明和要求，对于二级明细核算科目，往往根据企业内部管理核算要求设置，并不完全一致。

（3）费用计提机器人的程序分析。

费用计提机器人的应用程序包含 Main 主流程和 5 个子流程。5 个子流程分别是：P00_ Open_ Excel（打开数据表格子流程）、P01_ Cloud_ Login（登录财务云平台子流程）、P02_ Get_ Data（获取数据子流程）、P03_ Cloud_ Bookkeeping（编制记账凭证子流程）、P04_ Cloud_ Quit（退出财务云平台子流程）。

①Main（主流程）。

Main 主流程的界面，其工作原理是首先通过"P01_ Cloud_ Login"子流程，登录财务云会计核算平台；其次通过"按照次数循环"组件循环执行"P02_ Get_ Data"及"P03_ Cloud_ Bookkeeping"子流程；最后执行"P04_ Cloud_ Quit"子流程关闭财务云会计核算平台及数据文件。4 个子流程在 Main 主流程中按照业务流程顺序从上至下排列连接，在"按照次数循环"组件的调动下，循环运行包含其中的子流程和组件批量处理业务。

②P01_ Cloud_ Login（登录财务云平台子流程）。

"P01_ Cloud_ Login"子流程是实现"登录财务云会计核算平台"操作的流程，见图 5-28。本流程通过"打开新网页"组件打开财务云平台，然后通过"填写输入框（网页）"和"点击控件（网页）"组件完成财务云平台的登录。

图 5-28 费用计提机器人的登录财务云平台子流程

③P02_ Get_ Data（获取数据子流程）。

"P02_ Get_ Data" 子流程是实现 "获取数据" 操作的流程，见图 5-29。本流程只有一个 "获取 Excel 行的值" 组件，用于读取指定 Excel 表里的记账数据，并将读取到的记账数据存储在一个名为 "data" 的变量中，供后续流程调用。

图 5-29　费用计提机器人的获取数据子流程

④P03_ Cloud_ Bookkeeping（编制记账凭证子流程）。

"P03_ Cloud_ Bookkeeping" 流程是实现 "编制记账凭证" 操作的流程，见图 5-30。本流程也是费用计提机器人的核心流程。本流程的组件较多，可以分为几个部分来理解：首先是进入新增记账凭证界面的操作，通过多个 "点击控件（网页）" 组件，依次点击不同的按钮（或链接），进入新增记账凭证的界面；然后是选择科目、输入数据的操作，通过 "填写输入框（网页）""点击控件（网页）""输入热键" 等组件，依次完成输入记账日期、调用凭证模板、输入借方辅助核算项、输入借方科目金额等操作；最后是根据业务自动判断的操作。由于职工薪酬类费用计提时的辅助核算与其他类费用计提差异较大，因此利用 "条件分支" 组件，判断是否属于福利费或职工教育经费报销。由于对公和对私支付的贷方科目辅助核算项内容不同，因此还需利用一个 "条件分支" 组件判断支付类别是否为对公。根据判断结果录入不同的辅助核算，费用计提机算信息，完成辅助核算信息的录入后利用 "通过剪贴方式输入（网页）""输入热键" 等组件实现贷方科目金额的录入和保存。

图 5-30　费用计提机器人的编制记账凭证子流程

⑤P04_ Cloud_ Quit（退出财务云平台子流程）。

"P04_ Cloud_ Quit"子流程是实现"退出财务云平台"操作的流程，见图5-31。本流程利用"点击控件（网页）"和"输入热键"组件完成财务云平台的退出，再利用"获取窗口""输入热键"等组件关闭已打开的业务数据表格。

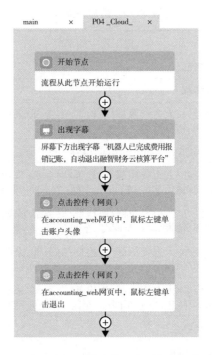

图 5-31　费用计提机器人的退出财务云平台子流程

5.4.2.3　操作步骤

费用计提机器人应用的操作步骤总体上分为两个环节，分别是费用计提业务数据采集、费用计提机器人运行与审核。其中，费用计提机器人运行与审核包括下载并打开费用计提机器人应用程序、运行费用计提机器人、审核费用计提机器人工作结果。

企业发生的费用报销业务活动与企业经营管理有紧密关联，安平市融创建材制造有限公司是专门从事建筑材料生产、销售的有限责任公司，企业部门设置与发生的费用种类对应见表 5-19。

表 5-19　费用种类表

序号	费用类型	费用发生的部门	会计科目
1	广告费	销售部	销售费用
2	包装费	销售部	销售费用
3	办公费	总经办/人力资源部/质检部/财务部/采购部/仓储部/销售部	管理费用
		一车间/二车间/三车间/维修车间	制造费用
4	差旅费	总经办/人力资源部/质检部/财务部/采购部/仓储部/销售部/一车间/二车间/三车间/维修车间	管理费用
5	业务招待费	总经办/人力资源部/质检部/财务部/采购部/仓储部/销售部/一车间/二车间/三车间/维修车间	管理费用
6	劳动保护费	总经办/人力资源部/质检部/财务部/采购部/仓储部/销售部/一车间/二车间/三车间/维修车间	管理费用
7	修理费	总经办/人力资源部/质检部/财务部/采购部/仓储部/销售部/一车间/二车间/三车间/维修车间	管理费用
8	水电费	总经办	管理费用
		维修车间	制造费用
9	福利费	总经办/人力资源部/质检部/财务部/采购部/仓储部/销售部/一车间/二车间/三车间/维修车间	应付职工薪酬
10	职工教育经费	总经办/人力资源部/质检部/财务部/采购部/仓储部/销售部/一车间/二车间/三车间/维修车间	应付职工薪酬
11	其他费用	总经办/人力资源部/质检部/财务部/采购部/仓储部	管理费用
		销售部	销售费用
		一车间/二车间/三车间/维修车间	制造费用

需要说明的是，费用核算在会计制度中仅针对一级核算科目有说明和要求，对于二级明细核算科目，往往根据企业内部管理核算要求设置，并不完全一致。

（1）费用计提业务的数据采集。

报销业务中，费用报销人员首先要在 OA 系统中申请报销，经过审批后，才能进入费用计提业务流程。

步骤①：进入"机器人应用与开发实践平台"，选择"费用报销业务"

的"业务一"2021年12月1日销售部余静报销安平市魅力广告有限公司广告费 159 000元，点击"下一步"。

报销业务的纸质发票在收到时就已通过手机拍照或扫描等方式完成了发票图像采集，采集的发票图像经过 OCR 技术文字识别后将发票信息结构化存储在数据库中。如果是电子发票，则可省略图像采集和 OCR 文字识别这两个步骤。OA 系统通过数据端口可以直接调用数据库的发票信息，因此在 OA 系统申请报销时可以根据选择的业务，直接调用发票。

步骤②：在"创建业务"窗口"费用报销业务"项目下依次填入或选择"费用类型""报销事项""金额"等信息，见图 5-32，然后点击"完成"。

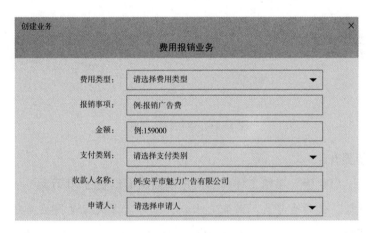

图 5-32 填写费用报销业务信息

步骤③：填写完毕后，点击"导出业务数据"，导出业务数据表至"C：\ RPADATA"路径下。

（2）费用计提机器人的运行与审核。

①下载并打开费用计提机器人。

步骤①：进入"机器人应用与开发实践平台"，下载费用计提机器人应用程序。

步骤②：在"RPA 编辑器"中找到并打开下载的费用计提机器人应用程序，点击"打开"后，进入机器人程序的开发与调试界面。

②运行费用计提机器人。

步骤①：关闭其他无关软件，然后运行费用计提机器人应用程序。

步骤②：观察费用计提机器人的运行情况，若机器人运行异常中止，可检查各组件右上角是否有异常提示，或者进入日志面板查看运行记录，根据提示信息对运行环境或程序进行优化调整后再运行。

③审核费用计提机器人工作结果。

步骤①：打开财务云会计核算平台（http://fz.chinaive.com/kjhs/），进入"安平市融创建材制作有限公司"账簿，并依次点击"凭证""查看凭证"，选择费用计提的日期，检查相应日期的报销凭证是否编制成功。

步骤②：检查已登记入账的凭证中的摘要、科目、金额等信息是否正确，见图5-33。

□	日期:2021-12-01	凭证字号:记-001 附单据0张		
报销广告费	660102_销售费用_广告费-销售部		159,000.00	0.00
报销广告费	220202 应付账款_一般应付账款-安平市魅力广告有限公司		0.00	159,000.00
总计			159,000.00	159,000.00

图 5-33　审核凭证明细

价值提升

"90后"手机工程师利用报销漏洞半年侵占70万元

"90后"大学生邓某，因能力出众，工作没多久就被提拔为研发部副部长，月收入万元。面对大好前程，他却起了贪念，利用公司报销漏洞，半年侵占70万元，沦为了阶下囚。

邓某大学毕业后顺利进入一家公司从事手机软件设计工作。因其工作勤奋、能力突出，很快被老板委以重任，让其全权负责公司手机软件的开发项目，并且可以报销委外业务的费用。哪知，邓某想着自己明年结婚将要花一大笔钱，加上车贷和房贷的压力，竟动起了歪脑筋，想利用公司报销流程的漏洞来牟利。可毕竟是违法犯罪，他想归想，却并不敢付诸实施。后来，他在网上搜罗各类犯罪电影，琢磨犯罪技巧。在观看了《小丑》《谍影重重》等电影后，邓某觉得找到了灵感，也找到了"自信"。一次报销时，他在报销凭证上预填了一个较小的金额，并故意在金额前方留出一定的空位置：在收款人处则填上了自己事先联系好的朋友的名字和账号。等到部门负责人和老板签字后，他偷偷地在预填的报销金额前添加数字来增加报销金额，之后将报销单交给公司财务。财务人员看到老板已经签字便直接付款。报销到账后，邓某联系朋友把钱转给自己。

第一次得逞后，他的胆子开始变大，"报销"的金额越来越大，单次实际报销金额200元的项目，在他的操作下，可以多报销五六万元。短短半年，邓某采用篡改报销金额的方式侵占公司资金多达14笔，共计70余万元。很长时间内，邓某的"发财"路一直顺畅，直到2019年11月，税务机关工作人员打电话给邓某公司财务负责人，告知其公司抵扣税款的3张发票存在问题。财务负责人核对后发现，这3张发票都是邓某提供的。公司立即组织查账，这才发现问题，遂报警。案发后，邓某退赔了所有赃款。经常州经开区人民检察院提起公诉，2020年6月，邓某因犯职务侵占罪，被法院判处有期徒刑一年六个月，缓刑两年。

因为贪念，邓某一失足成千古恨，不但丢了工作，还因此背上了刑事犯罪记录，今后一辈子都会受影响，年纪轻轻毁了自己的大好前程，后悔不已。对于企业管理者来说，报销业务往往是违法违纪的重灾区，一定要设置好科学的内部控制制度，注重细节的把控，同时加强对员工的法治教育，从而避免损失。

案例来源：李锦涛，等."90后"手机工程师利用报销漏洞半年侵占70万元[EB/OL].（2020-07-21）[2023-03-30].https://m.gmw.cn/baijia/2020-07/21/1301384783.html.

5.5 记账财务机器人

相关知识

实际业务中，OA系统所导出的报销审批记录不会标注所需调用凭证模板编号，因此可以在"填写输入框（网页）"组件中，通过编辑表达式，使用"字典"来完成凭证模板编号的填写。

字典是一系列键与值对应的组合关系，可理解为通过符合规则的"键"调用其对应的"值"，"键"可以是数字、字符串（文本内容）甚至是元组（行数据），阿里云 RPA 开发中常用的字典语法如下：

{key1：valuel，key2：valuel} [data]

其中，"key1"是一个键，"valuel"是一个值，"key1：valuel"是一个键值对，键和值中间用"："分割，每个键值对用"，"分割，所有的键值对包括在大括号"{}"中。

"{}"后的 [data]，表示用 [data] 查询所有的键值对。当 data 为"key1"时，输出"valual"；当 data 为"key2"时，输出"valua2"

例如：在"调用模板"对话框的输入框中录入对应的凭证模板编号，可以选择"输入内容"为编辑表达式，表达式为：

{'销售部办公费'：'701'，'财务部办公费'：'701'，'质检部办公费'：'701'，

'销售部差旅费'：'702'，" 财务部差旅费'：'702'，'质检部差旅费'：'702'，

'销售部其他'：'703'，'财务部其他'：'704'，'质检部其他'：'704'}

[data [2] +data [1]]

以记账凭证编辑表中第一条数据为例，[data [2] +data [1]] 为"销售部差旅费"，对应输出记账凭证编号为"702"。

操作步骤

5.5.1 新建工程及流程

步骤①：按照"记账凭证编制机器人"设计方案的规划，首先在开发软件的流程面板中"新建工程"，命名为"记账凭证编制机器人"。

步骤②：在开发软件的流程面板中，逐个创建以下 4 个子流程：P01_ Cloud_ Login（登录财务云平台子流程）、P02_ Get_ Data（获取数据子流程）、P03_ Cloud_ Bookkeeping（编制记账凭证子流程）、P04_ Cloud_

Quit（退出财务云平台子流程）。

5.5.2 子流程开发

（1）P01_ Cloud_ Login（登录财务云平台子流程）。

"P01_ Cloud_ Login"子流程的开发步骤见表 5-20。

表 5-20 P01_ Cloud_ Login **子流程开发步骤**

业务流程		开发步骤	
序号	操作步骤	添加组件	设置属性
①	打开"记账凭证编辑表"，打开融智财务云会计核算仿真平台	启动 Excel	输入属性； 选择"Excel 对象"：选择"Excel 文件路径"："C：\ RPADATA \ FRAD-BX0601 报销业务机器人开发案例-附件：记账凭证编辑表.xlsx"，点击"打开"； 输出属性； 将"Excel 对象"变量名称改为 jzpzbjb_ excel
		激活 Sheet 页	输入属性； 选择"已打开的 Excel 对象"为：jzpzbjb_ excel 变量； 设置"Sheet 页名称"为：业务数据； 输出属性； 点击添加全局变量，将变量名称命名为 ywsj_ sheet； 选择变量类型为："Sheet 对象"，点击"确定"； 选择"Excel Sheet 对象"为：ywsj_ sheet 变量
		打开新网页	输入属性； 录入"打开网址"内容："http://fz.chinaive.com/kjha/"； 输出属性； 选择"浏览器类型"为：Chrome； 点击添加全局变量，将变量名称命名为：accounting_ web； 选择变量类型为："浏览器对象"，点击"确定"； 选择"浏览器对象"为：accounting_ web 变量
②	调用浏览器工具栏菜单	输入热键	输入属性； 录入"按键组合"内容为：!｛space｝
③	窗口最大化	输入热键	输入属性； 录入"按键组合"内容为：x

表5-20(续)

业务流程		开发步骤
④	按 RAD 平台登录账号录入"用户名"	填写输入框（网页）	输入属性； 选择"已打开的浏览器对象"为：accounting_web 变量； 在目标控件中捕捉新控件，拾取用户名输入框，将该控件命为："用户名输入框"。点击【保存】； 点击"输入内容"输入框，点击新增流程变量，将变量名称命名为：user； 设置默认值为：xxx（其中 xxx 使用 RAD 平台登录账号代替），点击"确定"； 设置输入方式为："覆盖输入"
⑤	按 RAD 平台登录账号密码录入"密码"	填写输入框（网页）	输入属性； 选择"已打开的浏览器对象"为：accounting_web 变量； 在目标控件中捕捉新控件，拾取密码输入框，将该控件命名为："密码输入框"，点击【保存】； 点击"输入内容"输入框，点击新增流程变量，将变量名称命名为：password； 设置默认值为：xxx（其中 xxx 使用 RAD 平台登录密码代替），点击"确定"； 设置输入方式为："覆盖输入"
⑥	点击"登录"	点击控件（网页）	输入属性； 选择"已打开的浏览器对象"为：accounting_web 变量； 在目标控件中捕捉新控件，拾取"登录"，将该控件命为："登录"，点击"保存"； 设置模拟点击为："是"

（2）P02_ Get_ Data（获取数据子流程）。

"P02_ Get_ Data"子流程的开发步骤见表5-21。

表5-21　P02_ Get_ Data **子流程开发步骤**

业务流程		开发步骤	
操作步骤	添加组件	设置属性	
获取"记账凭证编辑表"中的记账数据	获取 Excel 行的值	输入属性； 选择"已打开的 Sheet 对象"为"ywsjsheet"； 行号：3； 输出属性； 点击添加全局变量，将变量名称命名为：data，选择变量类型为："列表"，点击"确定"； 选择"行数据变量名称"为：data 变量	

（3）P03_ Cloud_ Bookkeeping（编制记账凭证子流程）。

在"P03_ Cloud_ Bookkeeping"子流程中，开发"编制记账凭证"程序。

步骤①：点击"进账簿""新增凭证"，具体操作步骤见表 5-22，对应的控件捕获位置 1 见图 5-34，对应的控件捕获位置 2 见图 5-35。

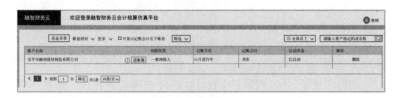

图 5-34　新增凭证控件捕获位置 1

图 5-35　新增凭证控件捕获位置 2

表 5-22　新增凭证开发步骤

业务流程	开发步骤		
序号	操作步骤	添加组件	设置属性
①	点击账户信息栏"进账簿"	点击控件（网页）	输入属性； 选择"已打开的浏览器对象"为：accounting_web 变量； 在目标控件中捕捉新控件，拾取"进账簿"，将该控件命名为："进账簿"，点击"保存"； 设置模拟点击为："是"
②	点击左侧功能栏"凭证"	点击控件（网页）	输入属性； 选择"已打开的浏览器对象"为：accounting_web 变量； 在目标控件中捕捉新控件，拾取"凭证"，将该控件命名为："凭证"，点击"保存"； 设置模拟点击为："是"
③	点击左侧功能栏"新增凭证"	点击控件（网页）	输入属性； 选择"已打开的浏览器对象"为：accounting_web 变量； 在目标控件中捕捉新控件，拾取"新增凭证"，将该控件命名为："新增凭证"，点击"保存"； 设置模拟点击为："是"

步骤②：录入记账日期，调用模板生成凭证，具体操作步骤见表 5-23，对应的控件捕获位置见图 5-36。

表 5-23　录入记账日期，调用模板生成凭证开发步骤

业务流程	开发步骤		
序号	操作步骤	添加组件	设置属性
④	输入记账日期	填写输入框（网页）	输入属性； 选择"已打开的浏览器对象"为：accounting_web 变量； 在目标控件中捕捉新控件，拾取"日期输入框"，将该控件命名为："日期输入框"，点击"保存"； 选择"输入内容"为编辑表达式，表达式为：data[0]； 设置输入方式为："覆盖输入"

表5-23(续)

业务流程		开发步骤
⑤	选中凭证编辑页面	点击控件（网页）	输入属性； 选择"已打开的浏览器对象"为：accounting_web变量； 在目标控件中捕捉新控件，拾取"记账凭证"，将该控件命名为："记账凭证"，点击"保存"； 设置模拟点击为："是"
⑥	用快捷键F2，打开"调用模板"对话框	输入热键	输入属性； 录入"按键组合"内容为：{F2}
⑦	根据"记账凭证编辑表"中的"凭证模板号"，在"调用模板"对话框的输入框中录入对应的凭证模板编号	填写输入框（网页）	输入属性； 选择"已打开的浏览器对象"为：accounting_web变量； 在目标控件中捕捉新控件，拾取模板编号输入框，将该控件命名为："模板编号输入框"，点击"保存"； 选择"输入内容"为编辑表达式，表达式为：data[4]； 设置输入方式为："覆盖输入"
⑧	点击"调用模板"对话框的"确定"生成报销凭证	点击控件（网页）	输入属性； 选择"已打开的浏览器对象"为：accounting_web变量； 在目标控件中捕捉新控件，拾取"调用模板对话框"的"确定"按钮，将该控件命名为："'调用模板'对话框的确定按钮"，点击"保存"； 设置模拟点击为："是"

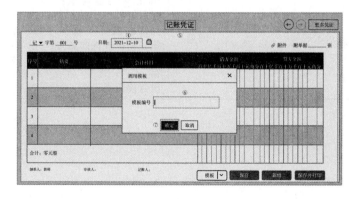

图 5-36　录入记账日期，调用模板生成凭证控件捕获位置

步骤③：录入辅助项及借贷方金额；具体操作步骤见表5-24，对应的控件捕获位置见图5-37。

表5-24 录入辅助项及借贷方金额开发步骤

业务流程		开发步骤	
序号	操作步骤	添加组件	设置属性
⑨	点击借方会计科目输入框，弹出辅助项对话框	点击控件（网页）	输入属性； 选择"已打开的浏览器对象"为：accounting_ web 变量； 在目标控件中捕捉新控件，拾取借方会计科目输入框，将该控件命名为："借方会计科目输入框"，点击"保存"； 设置模拟点击为："是"
⑩	在部门辅助核算输入框中，录入"记账凭证编辑表"中的经办部门	填写输入框（网页）	输入属性； 选择"已打开的浏览器对象"为：accounting_ web 变量； 在目标控件中捕捉新控件，拾取部门辅助核算输入框，将该控件命名为："部门辅助核算输入框"，点击"保存"； 选择"输入内容"为编辑表达式，表达式为：data［2］； 设置输入方式为："覆盖输入"
		输入热键	输入属性； 录入"按键组合"内容为：｛ENTER｝
⑪	点击"确定"，部门录入成功	点击控件（网页）	输入属性； 选择"已打开的浏览器对象"为：accounting_ web 变量； 在目标控件中捕捉新控件，拾取"部门辅助核算对话框"的"确定"按钮，将该控件命名为："'部门辅助核算'对话框的确定按钮"，点击"保存"； 设置模拟点击为："是"

表5-24(续)

业务流程		开发步骤	
序号	操作步骤	添加组件	设置属性
⑫	在"借方金额"输入框中,填入"记账凭证编辑表"中的金额	填写输入框(网页)	输入属性; 选择"已打开的浏览器对象"为:accounting_web变量; 在目标控件中捕捉新控件,拾取借方金额输入框,将该控件命名为:"借方金额输入框",点击"保存"; 选择"输入内容"为编辑表达式,表达式为:data［3］; 设置输入方式为:"覆盖输入"
⑬	将鼠标光标定位在"贷方金额"输入框中,填入"记账凭证编辑表"中的金额	点击控件(网页)	输入属性; 选择"已打开的浏览器对象"为:accounting_web变量; 在目标控件中捕捉新控件,拾取贷方金额栏,将该控件命名为:"贷方金额栏",点击"保存"; 设置模拟点击为:"是"
		填写输入框(网页)	输入属性; 选择"已打开的浏览器对象"为:accounting_web变量; 在目标控件中捕捉新控件,拾取贷方金额输入框,将该控件命名为:"贷方金额输入框",点击"保存"; 选择"输入内容"为编辑表达式,表达式为:data［3］; 设置输入方式为:"覆盖输入"

图5-37 录入辅助项及借贷方金额控件捕获位置

步骤④：保存凭证，具体操作步骤见表 5-25，对应的控件捕获位置见图 5-38。

表 5-25　保存凭证开发步骤

业务流程			开发步骤
序号	操作步骤	添加组件	设置属性
⑭	点击右下角"保存"，保存编制好的报销凭证	点击控件（网页）	输入属性； 选择"已打开的浏览器对象"为：accounting_web 变量； 在目标控件中捕捉新控件，拾取"保存"，将该控件命名为："保存"，点击"保存"； 设置模拟点击为："是"
⑮	点击"确定"，报销凭证保存成功	点击控件（网页）	输入属性； 选择"已打开的浏览器对象"为：accounting_web 变量； 在目标控件中捕捉新控件，拾取"保存凭证对话框"的"确定"按钮，将该控件命名为："'保存凭证'"对话框的确定按钮，点击"保存"； 设置模拟点击为："是"
⑯	点击"工作台"，回到融智财务云初始页面	点击控件（网页）	输入属性； 选择"已打开的浏览器对象"为：accounting_web 变量； 在目标控件中捕捉新控件，拾取"工作台"，将该控件命名为："工作台"，点击"保存"； 设置模拟点击为："是"

图 5-38　保存凭证控件捕获位置

（4）P04_ Cloud_ Quit（退出财务云平台子流程）。

在"P04_ Cloud_ Quit"子流程中，开发财务云平台退出及关闭浏览器功能。具体操作步骤见表5-26。

表5-26　P04_ Cloud_ Quit **流程开发步骤**

业务流程			开发步骤
序号	操作步骤	添加组件	设置属性
①	点击"账户头像"，显示退出按钮	点击控件（网页）	输入属性； 选择"已打开的浏览器对象"为：accounting_ web 变量； 在目标控件中捕捉新控件，拾取页面右上角"账户头像"，将该控件命名为："账户头像"，点击"保存"； 设置模拟点击为："是"
②	点击"退出"，关闭融智财务云会计核算仿真平台系统	点击控件（网页）	输入属性； 选择"已打开的浏览器对象"为：accounting_ web 变量； 在目标控件中捕捉新控件，拾取"退出"，将该控件命名为："退出"，点击"保存"； 设置模拟点击为："是"
③	用快捷键 Ctrl + w，关闭网页	输入热键	输入属性； 录入"按键组合"内容为：^（w）
④	关闭"记账凭证编辑表"	获取窗口	输入属性； 设置"窗口标题"为："记账凭证编辑表"； 输出属性； 将"窗口对象"变量名称改为：jzpzbjb_ win
		激活窗口	输入属性； 选择"已打开的窗口对象"为：jzpzbjb_ win 变量
		输入热键	输入属性； 录入"按键组合"内容为：!（F4）

5.5.3　主流程开发

在 Main 主流程中，添加所有子流程，并添加循环；需调整循环关联组件获取数据流程中的"获取 Excel 行的值"组件的目标属性，循环示意图见图5-39。

记账凭证编制机器人主流程循环的开发步骤见表5-27。

图 5-39　主流程循环示意图

表 5-27　记账凭证编制机器人主流程循环的开发步骤

序号	添加组件	设置属性
①	添加"调用子流程"组件	选择"子流程名称"为："P01_ Cloud_ Login"
②	添加"按照次数循环"组件	输入属性； 设置循环起始值："3"，循环结束值："5"，步长值："1"； 输出属性； 点击添加全局变量，将变量名称命名为："i"，选择变量类型为："数字"，点击"确定"； 选择"每次循环项"为：i 变量
③	添加"设置变量值"组件（在"按照次数循环"组件内添加）	输入属性； 选择"变量"为：i 变量； 选择"变量值"为编辑表达式，表达式为："i"，点击"确定"； 添加"调用子流程"组件，选择"子流程名称"为："P02_ Get_ Data"； 添加"调用子流程"组件，选择"子流程名称"为："P03_ Cloud_ Bookkeeping"
④	添加"调用子流程"组件（在"按照次数循环"组件外添加）	选择"子流程名称"为：" P04_ Cloud_ Quit"
⑤	添加"弹出提示框"组件	输入属性； 设置"提示内容"为："记账凭证编制机器人运行成功，感谢使用！"； 设置"是否等待用户确认"为："否"； 设置"提示自动关闭时间（秒）"为："3"
⑥	调整"获取 Excel 行的值"组件	调整 P02_ Get_ Data 子流程中的"获取 Excel 行的值"组件，修改"输入属性"中的行号为：i 变量

6　RPA 机器人的价值与风险

6.1　RPA 机器人的应用价值及价值分析

RPA 机器人的价值可以从效率、效益、质量和 ROI（投资回报率）分析等方面来衡量。在效率上，RPA 机器人的价值主要体现为能够减少数据录入、数据计算和数据分析的时间及加快数据处理速度。在效益上，RPA 机器人的价值主要体现为能够节约人工成本，减少不必要的损失，释放更多的人力。在质量上，RPA 机器人的价值主要体现为能够降低工作的错误率，提高工作的准确度和满意度。

6.1.1　RPA 机器人的应用价值

毫无疑问，RPA 机器人的实施，能为企业的财务工作节约更多的时间和成本。但伴随 RPA 财务机器人的普及，机器人取代会计核算工作的场景变得越来越真实。主要理由如下：

（1）RPA 无须复杂的编程知识，只要按步骤创建流程图，即使不懂编程的普通员工也能使用 RPA 自动执行业务，大大降低了非技术人员的学习门槛。

（2）RPA 可根据预先设定的程序，由 RPA 财务机器人模拟人与计算机交互的过程，实现发票识别、凭证录入、网银支付、纳税申报等财务工作流程中的自动化，提高业务处理效率，减少人力成本和人为失误。

（3）RPA 有着灵活的扩展性和"无侵入性"，是推动企业数字化转型的中坚力量。企业无须改造现有系统，RPA 便可集成在原先的系统上，跨系统、跨平台地自动处理业务数据，有效避免人为的遗漏和错误。

6.1.2 RPA 机器人的价值分析

RPA 机器人在财务领域的应用能够促进企业的人力资源优化，提供更好的客户服务，开启人机协作共生新时代。

（1）企业人力资源优化。

为了实现企业业务运营的高效率，企业在保证工作效率的同时还要保证工作运行的正确性。然而，随着工作的烦琐程度不断加剧，其错误率不断上升，因为人们在做重复行为时往往会不经意间犯下严重的错误。

在这些情况下，RPA 机器人可用于替代人类从事重复性工作，释放工作时间并使人类能够专注于更有意义的工作。另外，RPA 机器人还可以为企业节省大量人力成本。

（2）提供更好的客户服务。

优质的客户体验是每个企业成功的核心要素，因为它可以将满意度高的客户变成品牌的粉丝，以带来更多的购买行为。未来的客户服务将不由人类完成，支持人工智能的聊天机器人、流程自动化机器人可以大大提高客户对服务的满意度。

经过训练的 RPA 机器人可以改进交付服务，提高过程质量、合规性、安全性和连续性。RPA 机器人可以加快流程，通过尽量减少手动干预、错误和重复工作，同时快速缩短处理时间，提高产能，从而提高服务质量。除了立即响应，RPA 机器人还可以确保全天候不间断服务，大大节约运营费用。

（3）RPA 机器人开启人机协作共生新时代。

人机协作共生指人与 RPA 机器人的分工协作，共同完成相关工作。既然 RPA 机器人对海量数据的采集、计算、分析的质量高且速度快，那么就利用机器人去开展工作中耗时、所需断性低且具有重复性的工作及以往花费数周才能完成的信息提取和分析工作。而企业员工更多的工作是利用他们的创造力和经验，解释机器人生成的数据，向企业及主要利益相关者提供更深刻的见解，同时将新的见解反馈给机器人，使其分析能力愈发强大。

虽然 RPA 机器人可以实现流程的自动化，但是其并不能胜任所有工作。RPA 机器人更多是起到工作方式转换器的作用，为的是让人们能够从事更有价值的工作。正如托马斯达文波特所言，不断进步的科技具有正面的潜力，那就是智能增强：人类和计算机结合彼此的优势，就会实现单独任何一方都不可能达到的效果。

放眼未来，人和 RPA 机器人的关系应当是人机协同。RPA 机器人帮助人们提高效率，从而解放人们去做更有意义的事，将效率、潜力最大化。而 RPA 机器人也需要更多相关人才，以确保机器人永远为人类服务。今后，RPA 数字员工与人类员工联手，实现人机协作，将是激发企业潜能的关键。

6.2　RPA 机器人的流程风险和使用风险

RPA 的运用存在流程风险和使用风险，需要建立系统的风险识别、风险分析和风险应对机制。流程风险存在于部署阶段，开发 RPA 的方法是否合适、是否忽略了 IT 系统设施、是否对机器人的投资回报率期望过高等都是在部署阶段需要考虑的。而使用风险主要是在使用过程中，但不排除部署中也存在此类风险，包括操作风险、财务风险、监管风险、组织风险和技术风险等。

6.2.1　流程风险

流程选择与优化是实施 RPA 机器人的关键。企业在组织实施 RPA 机器人时，到底需要注意哪些问题，才能避免流程风险？

（1）是否针对不合适的流程规划 RPA 机器人。

针对一个非常复杂的流程做 RPA 机器人规划是常见的失误。因为自动化一个复杂流程，将会产生高额的费用，而这些费用如果用在完成其他多个流程的自动化上会更加合理。复杂程度中低等的流程或子流程是 RPA 项目初期的最佳目标，企业可以在 RPA 成熟之后再着眼于复杂的流程。从价值最高或构架简单的部分开始，逐步增加该流程的自动化程度。

为了将正确的流程自动化，组织首先必须确定如何寻找自动化机会。RPA 流程漏斗或待自动化流程列表可以自下而上（从组织中的员工开始）或自上而下（领导层引导）填充，并从流程问题或审计和分析结果中获得启发。

（2）是否针对一个流程过于自动化。

看待 RPA 机器人的最佳视角是将其当作辅助工具，用来完成基础流程的操作，使人力有更多时间完成其他工作。RPA 机器人完全学会一个流程可能需要较长时间，项目应尝试通过一系列简易的变革，逐步提高流程自动化的比例。

（3）是否低估流程自动化带来的影响。

在 RPA 项目的启动、定位和交付中会遇到很多问题，其中有一类问题非常常见，就是忽视了如何使自动化流程上线和由谁来操作机器人，这两个问题会延迟 RPA 项目上线与利益实现。一个以业务为导向的 RPA 卓越中心是管理和提升虚拟劳动力的最佳方式。

（4）是否采取传统方法实施 RPA 机器人。

通常，企业采取过于工程化的软件实施方法来使用 RPA 机器人，其中包括低价值的文档和阶段性划分，将使通常只需要几周的 RPA 机器人实施延长至几个月。企业应依据自身面临的挑战，简化传统实施方法，通过灵活的手段分阶段实施 RPA 机器人。

（5）是将 RPA 机器人作为业务主导，还是将 IT 作为主导。

企业通常在初期认为 RPA 是系统自动化项目，从而忽视了 RPA 机器人最终将会把公司上下的业务交付给虚拟员工来处理。

成功的 RPA 机器人应该是以业务为主导，与 IT、网络、安全、风险、人力资源和其他职能部门有着紧密合作关系。

（6）是否忽略 IT 系统设施。

绝大多数的 RPA 机器人工具，最好是在一个虚拟的桌面环境里，通过适当的扩展和业务持续性设置，进行操作工作。RPA 机器人流程可以很快地实施，但是 IT 却不能够在如此短暂的时间搭建完善的生产设施，因而成为实施 RPA 机器人的主要绊脚石。

（7）是否对 RPA 机器人的投资回报率期望过高。

RPA 机器人虽然能够自动化大部分流程，但是并不能自动化所有流程——通常是因为这些流程需要从打电话或纸质记录开始，或需要一定的客户沟通。因此公司经常会自动化了很多子流程，却忽略了刻意通过电子化或者 OCR 技术来增强 RPA 机器人功能以及自动化整体流程。

6.2.2 使用风险

根据 IMA 美国管理会计师协会发布的管理会计公告——《RPA 助力财务职能转型》，实施 RPA 机器人的五大主要风险区域，分别是操作风险、财务风险、监管风险、组织风险和技术风险，见表 6-1。

表 6-1 机器人使用过程中的存在的风险

操作风险	机器人程序资源管理不善，导致工作流中的异常处理不到位或运作效率低下（比如，给单个机器人程序分配过多高时效要求的流程）
财务风险	需求界定不明导致财务错报或付款误差；允许一个员工负责多个机器人程序的指令输入，可能违反职责分离的规定；流程自动化导致公司出现财务损失（负净现值）
监管风险	以欺诈方式引导机器人程序提供政府报告（比如，操控机器人程序执行的流程输入，引导生成欺诈性的输出信息）；有关自动化标准的监管法律尚未成熟
组织风险	变更管理、文档编制或业务连续性计划不完善（因资源被重新配置去完成其他工作）；实施自动化后，团队没有足够的专业人员
技术风险	集成应用程序的不稳定性及其可能对机器人程序性能造成的影响；网络攻击者利用特权访问账户或检索存储在 RPA 项目数据库里的数据；机器人程序开发人员在设计时没有对敏感数据加密

以上所描述的风险在 RPA 机器人的部署运行过程中都可能出现。当然，RPA 机器人在实施过程中所也可能存在网络安全问题，如权限攻击、敏感数据泄露、安全漏洞等隐患。权限攻击主要是黑客入侵运行网络，盗取 RPA 账户，窃取重要的数据如订单、客户信息等，导致敏感数据泄漏。由于传送数据时没有进行加密保护，个别员工还可能利用职位便利，利用 RPA 机器人的漏洞，专门窃取用户的敏感信息。

除此之外，众多的 RPA 机器人的自动化任务运行会快速消耗掉系统资源，导致 RPA 机器人发生意外或中断，从而造成意外的数据丢失。关于安全隐患，我们给出相应的建议，如通过日志追踪，确保管理人员监控和追踪 RPA 机器人所有的活动；通过权限划分，使操作人员各司其职，避免跨部门非法人员窃取敏感数据；通过建立完善的维护计划，保护执行任务的安全；通过操作链接安全，实施安全控制来保护链接安全，如使用单点登录（SSO）和轻量级目录访问协议（LDAP）支持对 RPA 机器人接口的安全登录；通过数据识别与保护，监测 RPA 机器人在处理敏感数据时是否符合规范。

7　财务机器人拓展计划

设计和开发是财务机器人项目实施的核心阶段。在进行财务机器人的设计时，开发人员需要编写设计方案，确定设计内容，然后对数据标准与规范、自动化流程进行设计。在进行财务机器人开发时，开发人员需要从开发语言、平台功能、扩展功能以及可用性角度来考虑开发平台的选择，从变量命名、文件命名与储存、操作日志、版本控制等方面规范开发过程，同时要注意开发过程中的流程步骤。

在进行财务机器人的设计与开发过程中，开发人员不仅要考虑整个系统的安全性、灵活性、稳定性和高效性，同时还要考虑后续的可延展性需求，开发人员需要结合财务流程的长度、复杂度、关键流转节点、检核点、校验逻辑等内部影响因素，机器人运行时间、运行时长、运行环境等外部影响因素，需求衔接、本地化参数与配置、风控与恢复机制、结构化开发、快速拓展需求、全局性维护，参数配置安全、信息存储安全、信息传输安全、网络端口与访问安全、物理环境安全、日志安全、代码安全、账号密码安全等方面来设计和开发。

财务机器人设计与开发整体框架见图7-1。

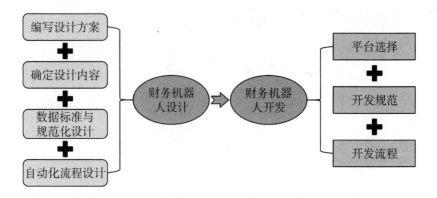

图 7-1　财务机器人设计与开发整体框架

7.1　财务机器人的设计

对企业的整体情况有了大致了解之后，财务机器人研发团队需要设计总体思路，选定合适的业务流程进行开发。在具体开发之前，要针对选定的业务流程进行分析，编写设计方案，确定设计内容，进行流程的数据标准与规范化设计，最后设计出科学、合理的自动化流程。

7.1.1　编写设计方案

在财务机器人的设计阶段，通常需要为每个机器人流程编写一个独立的方案设计文档（solution design document，SDD），这样就能保证该机器人流程实施的独立性，并为后续的开发、测试、部署提供一体化支持。SDD承接了财务机器人需求规划阶段形成的流程需求，体现了整体的设计要求，以及对后续财务机器人开发过程的指导。通常在进行机器人单流程设计前，可将项目的整体架构设计、设计开发原则和指南、可复用组件等一切共性内容都提炼到整体架构设计或解决方案设计文档中。一般而言，财务机器人设计方案包括的主要内容见图7-2。

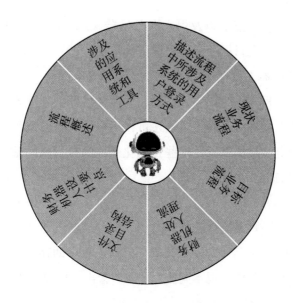

图 7-2　财务机器人设计方案包括的主要内容

（1）流程概述。

该部分定义财务流程的基本描述和运行情况、业务用户需求，明确流程的业务负责人和沟通接口人，以及财务机器人设计的前提假定、技术约束、环境依赖和所要求的服务水平协议等。

（2）涉及的应用系统和工具。

该部分描述财务流程需要操作的应用系统、工具、技术。

（3）描述流程中所涉及系统的用户登录方式。

该部分描述涉及需要业务用户登录的信息系统，以及在开发或测试环境下所使用的用户名和密码。

（4）现状业务流程。

该部分描述待进行流程自动化的财务流程，以便被财务机器人的设计人员理解。

（5）目标业务流程。

该部分的主要目的是清晰地告诉业务人员，引入财务机器人之后的财务流程是如何运行的，其中包含财务机器人处理的环节、财务人员人工处理的环节以及双方的协作环节。财务机器人设计人员需要收集汇总财务流程在业务层面的优化点，以及引入财务机器人之后所带来的流程改进点，并将这些统一体现在目标业务流程的定义中。

（6）财务机器人处理流。

目标业务流程是面向业务人员的，而财务机器人处理流是面向技术人员的财务机器人处理流，其主要描述可以拆分出该财务流程需要几个财务机器人、几个自动化任务以及这些自动化任务的执行时间是什么、任务之间是如何编排的。

（7）文件目录结构。

为了区分不同财务流程的处理过程，财务机器人通常需要拥有专属的文件目录。SDD 中应清晰地定义出财务机器人程序的存储目录和所需处理文件的存储目录，避免出现不同流程输入、输出文件混用的问题。

（8）财务机器人设计要点。

该部分主要描述财务机器人程序之间的依赖关系，包括所需要复用的代码库、配置文件、机器人的控制方式、数据安全和数据管理、业务连续性处理手段等一切需要重点说明的设计内容。

以上是编制财务机器人设计方案时需要考虑的 8 个方面的内容。在一些财务机器人项目中，常常会忽视对自动化业务流程的设计过程，打着"敏捷快速"的旗号直接从需求阶段转入开发阶段，这是十分危险的。如果开发人员不在财务机器人的设计过程中仔细思考如程序结构、人机协作、目录划分、异常处理等设计问题，则只能依赖于后续不断地开发迭代来解决前期的设计缺陷，反而会大大拉长开发周期。

7.1.2　确定设计内容

财务机器人的设计主要包括确定财务流程细节逻辑、数据标准与规范化设计、财务自动化流程设计、确定财务机器人软件配置与开发工作量四个方面的内容，其流程步骤见图 7-3。

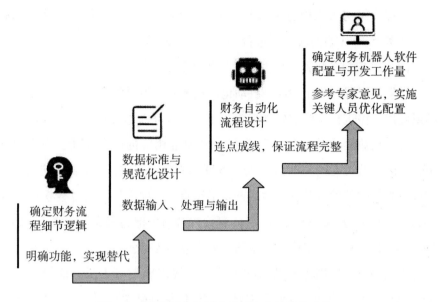

图 7-3   确定财务机器人设计内容的流程步骤

（1）确定财务流程细节逻辑。

在确定财务流程细节逻辑之前，首先应该明确财务机器人的基础功能，判断现有财务流程中每一步骤如何通过 RPA 实现替代。目前财务机器人的基础功能通常包括数据采集与录入、文件上传与下载、图像识别与文本处理、数据加工与分析、管理与监控流程、信息输出与反馈等。基于 RPA 的适用场景，对现有财务流程进行优化和再造，需要确定财务流程的每个步骤运用 RPA 进行替换的细节逻辑。

（2）数据标准与规范化设计。

数据标准与规范化设计是指分析自动化过程中数据输入的来源、结构和规范化情况以及所涉及的文件类型，设计数据处理部分的数据内容、数据类型以及可能涉及的处理方式等，最后对输出形式、输出内容以及输出去向等进行定义。

（3）财务自动化流程设计。

在确定了财务流程每个环节的 RPA 替换逻辑后，需对各个环节连点成线，确定新的基于 RPA 模式的财务流程，也就是财务自动化流程。财务自动化流程无须与人工财务流程环节完全一致，在保证流程完整性的基础上，可考虑 RPA 自身优势，进行环节的合并或拆分。

（4）确定财务机器人软件配置与开发工作量。

①软件配置。确定了财务自动化流程之后，需对流程各环节中的 IT 系统或应用程序进行相应的软件配置，并确定财务机器人的开发工作量。

自动化流程中并非每个环节都需要配置相应的软件系统。通常情况下，多个环节可在同一个 IT 系统或互联网平台上完成，企业需确定自动化流程所需的软件配置及各软件的开发工作量。此项工作一般需参考 IT 专家的意见，以此为基础确定由企业 IT 部门配合财务部门完成自动化流程的开发工作、自动化测试工具或寻求第三方供应商支持。

②人员配置。财务机器人的实施、上线需要财务人员、IT 部门以及 RPA 供应商协调完成。通常所需要的人员包括基础架构团队、应用开发专家或主管、技术业务分析师、业务分析师、IT 自动化经理、应用合规专家、项目经理。实施过程中的关键人员优化配置，有利于财务机器人部署的顺利实现。实际上，这一过程也可以通过构建 RPA 卓越中心来实现。

7.1.3 数据标准与规范化设计

信息系统论是会计本质观点的一种，它认为会计本质上是一个以提供财务信息为主的经济信息系统。根据信息系统论的观点，会计工作的过程实际上就是在确认、计量、记录和报告环节，对各项经济活动的数据进行输入（获取）、处理和输出的过程。

数据是信息的载体，要想获取准确的信息，就要求数据必须是准确的，理想的状态是每个活动匹配其独特价值输出下游需要的刚刚好的信息，不冗余，不缺失，满足下游业务环节的质量要求。如果数据缺乏规范，会造成数据对象多份存储，存储结构各异，会影响数据共享；如果数据标准依据各异，会造成统计口径无法匹配；如果业务口径不统一，会造成沟通困难，产生歧义。因此，必备的数据基础是财务机器人工作的基石，而基于财务机器人的工作特征，数据标准与规范化的设计则是财务机器人工作的关键所在，因为它能够保障数据的内外部使用和交换的一致性和准确性。

数据标准不仅仅是一套规范，更是一套由管理规范、管控流程、技术工具共同组成的体系，是通过这套体系逐步实现信息标准化的过程。财务机器人数据标准与规范化设计的内容包括数据输入、数据处理、数据输出三部分，见图7-4。

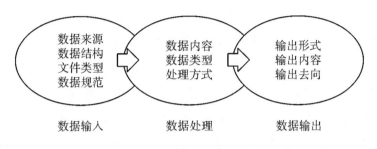

图7-4 数据标准与规范化设计的内容

（1）数据输入。

数据输入包括数据来源、数据结构、文件类型、数据规范四个方面。

财务工作涉及的数据包括财务数据和业务数据，其来源较为广泛，包括邮件、文件、网页、数据库、财务系统及其他。例如，在企业编制总体财务计划时，其数据主要来源于各部门提交的财务计划表，这种计划表很多时候是以邮件的形式进行获取；在同行业财务对比分析中，除了需要来自本地文件或者企业财务软件公开的财务数据，还需要来自同花顺、大智慧等互联网平台的外部财务数据。数据的来源不同，获取方式也不尽相同。

数据结构是计算机存储、组织数据的方式，分为结构化数据、半结构化数据和非结构化数据。结构化数据也称为行数据，是由二维表结构进行逻辑表达和实现的数据，Excel文件中的数据就是常见的结构化数据。半结构化数据是指数据结构不规则或不完整、没有预定义的数据模型，常见的HTML文档、JSON、XML等文件就是半结构化数据。而非结构化数据就是没有固定结构的数据，包括所有格式的文本、图片、图像、音频、视频等数据。

文件类型是指数据存储的格式，包括 Excel、Word、PDF、PPT、CSV、

TXT、图像及其他。因为财务机器人对不同文件类型的数据处理方法不一样，所以要事先区分文件类型，再做相应的数据处理。

数据规范是数据输入时对该数据格式做出的判定，其要求输入的数据是完整且真实的，如果财务机器人判断数据为缺失或者存疑，应先进行数据清理，再做读取、写入、计算等数据操作。

（2）数据处理。

数据处理包括数据内容、数据类型和处理方式三个方面。

数据内容是指财务工作涉及的具体数据，该数据可大可小，可以根据需要自行设定，如商品价格、商品型号、职工姓名、手机号、财务指标、行业数据、分析报告、经营数据、函证、合同及其他选项。数据类型针对输入数据而言，包括字符串、数据表、整数、实数、浮点数、数组、字典、集合、列表及日期等类型。数据处理方式是指在财务工作中，对输入的数据进行处理的方式，具体包括数据的筛选、合并、排序、查找、求和、计算、替换、抓取、分析、比较及识别等。

例如，在实现财务计划编制工作流程自动化时，期望机器人自动读取并汇总来自各部门的收支计划表，该表包括部门名称、销售收入、退回保证金、职工薪酬、折旧费等资金来源和资金支出项目等方面的数据，这些数据包括字符串、实数等数据类型，需要采用合并、求和、分析等数据处理方式。

（3）数据输出。

数据输出是指数据处理完成后的操作，根据流程自动化的需求确定，包括数据输出形式、输出内容和输出去向三个方面。

数据输出形式是指数据处理后以什么样的文件类型输出数据，包括Excel、Word、PDF、PPT、CSV、TXT、图像及其他。输出内容是指数据处理后输出什么样的数据，包括报告、报表、提示信息及其他。输出去向是指数据处理后的数据流向，包括邮件、财务系统、信息系统、消息框、微信及本地文件等。例如，财务计划编制工作流程自动化结束后，可以Excel文件的形式通过邮箱发送给财务总监，而同行业经营分析以及杜邦分析自动化可以以Word文件的形式通过邮件发送给相关财务人员以及财务总监。

数据标准与规范化设计作为财务机器人设计的重要内容，为后期财务机器人的开发起到了很好的铺垫作用。遵循数据标准与规范化设计，有利于财务机器人开发人员完善程序功能，记录机器人的运行状态，有利于财务人员理解甚至更好地接受财务机器人运行过程中常见的问题提示。

7.1.4 自动化流程设计

业务流程作为企业管理活动及经营活动的载体，是将企业内各部门、职能及个人联系在一起、协调工作的纽带，是企业联结市场、客户，进行营销及销售活动的载体，是建立市场竞争力的基石。企业如果需要引入财务机器人，自动化流程设计必然是重中之重。

流程设计的核心是追求最有效率和效果的流程，以实现流程目标。每个业务流程都可以视作一条价值链，流程中的每一步都会增加价值，流程同时也是资源的消耗者，因此既要关注价值的增加，也要关注资源的消耗。良好的自动化流程设计是保证财务机器人灵活运行的关键，清晰地定义流程之间的数据接口，可以降低审计项目各业务之间的耦合度，使得局部业务流程的改变不会对全局的流程产生灾难性的后果。

财务自动化流程设计的过程，本质上是基于 RPA 技术驱动的业务再造或优化的实施过程，也是降低成本，提高效率，加强质量控制的过程。组织结构和业务模式的变化，最终都会在流程中体现，反过来说，可以利用流程优化的手段来规范和提升管理体系。自动化流程需要根据财务机器人分析中梳理出的业务流程进行设计，从痛点入手，解决财务人员根本上的业务难点。自动化流程设计不是完全按照财务流程的顺序进行开发，需要从整体上进行思考，考虑财务人员在其中扮演的角色，判断现有业务流程中是否存在不合理的规划，该财务流程是否完整、全面等，接着重构财务流程，形成自动化流程。

自动化流程设计的基本思路和设计规则可以指导财务机器人工作流程设计优化，下文将对流程设计基本思路、流程设计原则以及流程设计方法进行详细说明。

（1）流程设计基本思路。

财务机器人的自动化流程设计基本思路主要包含两个步骤：首先是确定流程细节逻辑，其次是确定基于财务机器人的自动化流程。RPA 是基于计算机编码的软件，是通过执行重复的基于规则的任务来将手工活动进行自动化的一种技术。在确定流程细节逻辑之前应先明确 RPA 的基础功能，判断现有财务流程中每一步骤如何运用财务机器人来实现替代，即确定业务场景，梳理实际工作中的业务流程。

财务机器人的自动化流程设计需要从财务业务的整体角度出发，确定财务业务中的关键性业务流程；进行流程分解，确定较低层次的流程直至操作程序，然后绘制流程图，建立并明确现有业务流程体系；对现有流程进行分析、调整和优化；根据实际情况调整，进行业务流程自动化设计。

（2）流程设计原则。

基于财务机器人的适用场景，对现有财务流程进行优化再造，需要确定财务流程的每个步骤和需要运用财务机器人进行替换的细节逻辑。根据一一对应的原则，在确定了财务流程中每个环节的机器人替换逻辑后，需要对各个环节连点成线从而形成新的基于财务机器人的自动化流程。基于端到端的设计理念，自动化流程设计与人工流程一般并不会完全一致，在保证流程目标一致的基础上，可以考虑 RPA 技术的自身优势，进行环节的合并、拆分或延伸。

当然，不是所有的人工财务流程都要转为自动化的流程，选择的业务流程最好可以构建成场景。例如，将一个财务功能模块分为多个案例，从而构建不同的场景。一个流程为一个完整的场景，如从用户登录财务系统到最终退出并关闭浏览器。同时，流程设计的前后模块必须要有一定的顺序，要能够相互连接起来。并且前置条件要清楚，如每一部分流程都要提供非常明确的测试数据，要考虑数据的重复使用是否会影响自动化流程的执行结果。

（3）流程设计方法。

自动化流程设计是一个或一系列有规律的行动，这些行动以确定的方式发生或执行，导致特定结果的实现。业务流程则是把一个或多个输入转化为对顾客有价值的输出的活动。而财务机器人可以用于大容量数据的计算、核对、验证、审核判断等，其工作的流程应当具备重复性，必须具备明确的、可被数字化的出发指令和输入。

自动化流程设计具有强大的实用性，图形比文字能够更加清晰地描绘和解释流程，更容易让开发人员明白财务业务的需求所在。根据流程的复杂情况、规则和流程是否通用等因素梳理业务流程，设计财务机器人自动化流程需要划分其流程层次、明确流程分类；划定工作起点和终点，明确输入和输出；跟踪关键业务对象；确定相关组织单元，及其活动和权限；绘制流程图草案；对流程图进行汇总分析；确定自动化流程图。

以传统的会计核算为例，一般仅在核算业务事项最终输出成果后进行收付款、记账、报表、分析，事后的结果输出常常不能满足企业经营管理的要求。因此，随着业财流程的融合、数据的统一，财务部门要从后台走向前台，再造会计核算流程，主动嵌入业务前端，以实时化的财务输出动态支持业务事项和管理决策。核算流程再造前，应分析诊断原有工作流程，确定传统核算流程与现有业务流程的脱节点，对问题进行分析和诊断。从生产运行的价值链条切入，将采购、储存、生产、收款、报表各个环节进行分解，对流程进行细化，借助业务系统与财务系统之间的技术联通，转换业务单据信息为会计信息。基于流程的分析和诊断，实现财务支持的快速响应和实时控制。通过会计核算流程的再造，建立企业财务一体化流程，并利用财务机器人在业务和财务部门间实现信息的共享和同步传递。

另外，自动化流程设计能够提高工作的认识深度，绘制流程图的过程就是对工作再认识的过程，有助于发现不合理的工作环节，进而促使对流程的改进和优化。从效率优先、风险管控等角度来考虑，企业在实施财务流程自动化设计以前，需要对当前的财务流程实施解析，明确财务工作流程在具体财务管理工作中所处的阶段，寻求流程中遗留的缺陷以及无法满足工作需求的部分，让流程的再造与优化兼备目标性与可靠性，为后期自动化工作的展开奠定基础。

传统的资产管理依靠实物管理部门人工采集录入后推送到财务端，存在工作效率低下、资产信息变更时不能得到及时有效反馈、管理中职责不清晰等问题，易形成闲置、减值、不适用、报废资产。新技术、新流程下的财务流程自动化流程设计同样需要对资产管理流程进行再造。从管理的一致性目标出发，对传统流程存在的问题进行分析，再造既符合财务需求又适用于业务管理的资产生命周期的流程。财务机器人可以利用设置在业务流程端的资产管理系统实时提取数据，同步推送财务和相关业务部门，为投资项目方案提供分析决策，及时、完整、透明地报告固定资产变更，准确反映存货现状等，使财务和实物管理部门能够有效共享信息，提供决策支撑，实现管理闭环。

财务计划是企业经营计划的重要组成部分，是进行财务管理、财务监督的主要依据。下文以 HD 集团财务计划编制工作业务为例进行讲解，其业务流程见图 7-5。

由图 7-5 所示的业务流程可知，郑毅是 HD 集团财务部计划岗的员工，每月都要收集和汇总来自众多部门的财务收支计划数据，然后编制财务计划报表。其中，收支计划表里的收入数据包括销售收入、收回应收账款、退回保证金、其他收入等数据，而销售收入数据包括传统 ERP 及相关信息化服务、智能制造软件和实施服务、应用系统运营维护服务、云计算产品及服务等数据。该工作规则明确，重复性强，操作烦琐，效率较低，容易出错，涉及的数据量较大。

当 HD 公司经过流程自动化发现和评价之后，认为财务计划编制业务可以实现自动化，于是设计了财务机器人小蛮，其自动化流程见图 7-6。

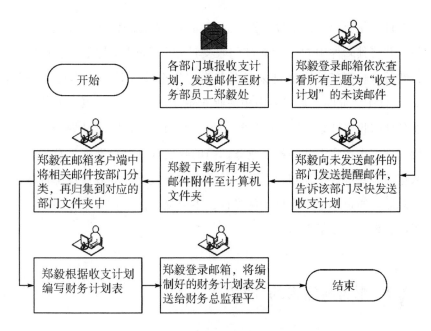

图 7-5　HD 集团月度财务计划编制业务流程

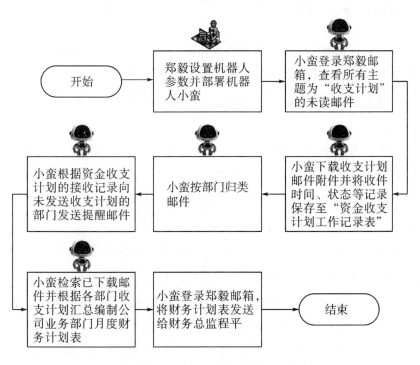

图 7-6　HD 公司基于 E-mail 自动化的财务计划编制自动化流程

在自动化流程中，小蛮首先登录邮箱，检索主题包含"收支计划"的邮件，并将其附件中的"业务部门收支计划"Excel 文件下载至指定文件夹，然后将收到邮件的时间保存至名为"资金收支计划工作记录表"的 Excel 文件中，同时更新该表中相关业务部门的发件状态。接着小蛮将收到的业务部门收支计划按照部门进行归类，并向未发送收支计划的部门发出提醒邮件。小蛮将下载的各个业务部门的收支计划进行数据汇总后，将所有数据填入财务收支计划表。最后小蛮将财务收支计划表通过邮件发送给财务总监。通过这个流程自动化设计，不但提高了工作效率，而且大大降低了出错率，释放了人力。

7.2　财务机器人的开发

7.2.1　平台选择

智能自动化的广泛与加速使用正在给企业提供一种更加灵活、便捷的管理服务。财务机器人的上线，替代了财务流程中的手工操作，能够管理和监控各个自动化财务流程，识别财务流程中的优化点，给财务工作带来新天地。

未来越来越多的企业可能需要部署财务机器人，如何选择合适的平台，将是企业部署财务机器人的思考难点。选择一个专业的开发平台需要考虑平台能给企业带来什么，能不能达到最初的开发目的，平台在整个过程中是否起着决定性的作用。

选择一个好的开发平台，首先可以有效减少系统中漏洞的存在，提高系统的稳定性；其次，开发速度快且简便，用户更容易操作；再次，在运维方面，即使运维人员没有参与开发，只要掌握了平台的使用及业务需求，仍然可以轻松掌握维护的方法；最后，从效益来看，选择合适的开发平台不仅可以大大缩短开发周期，还可以节约大量的成本。那么到底如何选择合适的开发平台呢？应从开发语言、自动化功能完善程度、上手容易程度和界面友好性等方面考虑。

（1）开发语言。

语言是一种工具，一种实现需求的工具，每种语言都有它的优缺点。程序开发语言的选择会决定开发的效率，选择开发语言需要结合实际业务情况与开发背景。系统级编程语言，诸如汇编、C、C++等编程语言执行效率高，并发量高，但开发效率不高；专门为网络服务器开发的语言，诸如 Go、Erlang 等有很好的折中效果，并发和开发效率较高，但由于较新，缺乏稳定性；解释型脚本语言，诸如 Python、Ruby 等开发效率高，但运行效率较低。

目前 RPA 财务机器人的脚本语言主要有 Python、VBScript（简称VBS）、VB 等。一般 RPA 都是用 Python 来做脚本语言，因为 Python 的语法简单、简洁，拥有大量的第三方库，可以使 RPA 工具变得更强大。本书以 UiBot 开发的 RPA 财务机器人为例进行介绍，其源代码是由 UiBot 团队研发的一套语言命令，其底层命令主要是由 Python、C 语言等组成，UiBot兼容性比较好，支持 C 语言、Lua、Python、. Net 扩展插件及第三方 SDK接入，便于编程与学习。

（2）自动化功能完善程度。

平台若具备完善的自动化功能，可以提高项目开发的效果。RPA 机器人目前具备的功能有：对各类客户端软件界面元素进行操作，直接作用于元素，不依赖图像、文字识别，不依赖绝对坐标，可以在界面文本框内输入变量，判断勾选；针对网页浏览器的界面元素进行各种操作和傻瓜式数据采集（支持 IE Chrome 浏览器）；针对各种办公软件的文档进行操作；基于图像、文本、OCR 等识别方式对界面元素进行相应的操作。

如果平台可以支持第三方扩展包，则可以利用第三方的经验和资源，对相应的语言进行扩展，使得该应用能用于更多的场景。而 UiBot 除了自带的强大功能外，还允许有编程经验的开发人员对功能进行自由扩展，目前 UiBot 支持以下四种扩展方式：Python 插件、Lua 插件、Lua Mod 插件、COM 插件。

（3）上手容易程度。

如果选择的平台更易上手，会提高项目开发的进度和效率，降低人工成本。而 UiBot 是国内开发的 RPA 软件，具有流程图到代码块再到代码的三层层级结构，容易理解。其中代码块内分可视化视图和代码视图，适合不同习惯的人使用；指令分类也更符合国人的习惯，有计算机基础的人员即可快速上手。相对而言，UiPath 的语法类似 Java，指令分类不够清晰，对于不熟悉软件的新人来说指令不易寻找；并且常用的指令需要安装插件才能用，比如操作 MySQL 数据库，安装配置插件复杂；变量类型多，变量作用域也相对复杂。

（4）界面友好性。

良好的界面视觉可以给使用者带来更好的体验感。UiBot 的流程图界面简洁，主要用于业务流程的梳理和确认，在与咨询方沟通时可直接使用，省略了具体流程细节的实现。可视化代码视图针对不熟悉 IT 的各领域专家以及各种普通用户，通过简单拖拽、参数配置操作即可完成流程的连接活动。而源码视图的设计则是针对 IT 专家、编程能手或者是熟悉本产品的领域专家，能够有效减少鼠标操作，更快捷地生成所需的流程。而 UiPath 则是无代码视图，在多层嵌套时也会出现代码对应关系不容易找的情况。

综上所述，本书以来也科技的 UiBot Creator 软件为例进行介绍，来也科技专注 RPA 流程自动化领域，为近百家中国 500 强企业提供了专业的 RPA+AI 定制服务，可见其实力强大。同时，UiBot 包含创造者、劳动者、指挥官三大模块，用户既可以通过 UiBot 平台一键录制流程自动生成机器人，还可以对财务、业务工作等流程进行实时监控调整，能够满足企业的需求。

7.2.2　开发规范

为了确保 RPA 项目的顺利落地和后期运维的便利性，财务机器人的实施需要建立一套开发规范与标准，从命名、格式、规范、版本等多个维度出发，应用到整个项目过程中，同时编写功能模块介绍目录，以提高财务机器人项目开发的效率和质量。财务机器人的开发规范见图7-7。

（1）变量命名规范。

目前，业界最为流行的三种变量命名法则为：驼峰命名法、匈牙利命名法和帕斯卡命名法。驼峰命名法也称骆驼式命名法，是指混合使用大小写字母来构成变量和函数的名字；匈牙利命名法的基本原则是：变量名+属性+类型+对象描述，其中每一对象的名称都要求有明确的含义，可以取对象名字全称或名字的一部分，主要是基于容易记忆理解的原则；帕斯卡命名法与驼峰命名法类似，只不过驼峰命名法是首字母小写，而帕斯卡命名法是首字母大写。

总体来说，开发人员的编码风格不同，变量命名自然也不同，但是变量命名最重要的是要能体现其具体意义，变量名要方便阅读，不能太长也不能太短，一眼看过去就大致知道该变量代表的是什么数据类型。UiBot平台内部的变量命名使用的是驼峰命名法，要求第一个词的首字母小写，后面每个词的首字母大写，如可将资产负债表用变量名 balanceSheet 来表示，但若是为了方便业务人员查找机器人运行错误，也可用"资产负债表"进行命名。

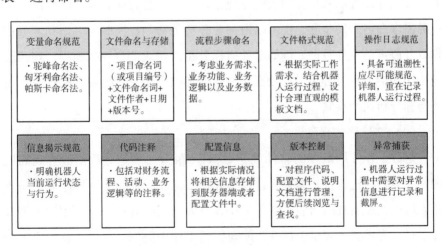

图7-7　财务机器人的开发规范

（2）文件命名与存储。

规范文件的命名与存储能把文件合理归类，帮助我们及时找到文件。项目开发中的文件命名应当符合应用场景，符合一定的命名原则，既使团队成员能够看懂，也方便使用者查找以及修改。

文件命名结构通常是项目命名词（或项目编号）+文件命名词+文件作者+日期+版本号。文件后缀，例如：2021 年公司第一季度销售报表-销售部-张三-20210405_ V1.0.xlsx。文件名称由五部分组成，第一部分阐述文件主题，观其名知大意；第二部分为文件所属类别，如所属工作部门、工作内容等；第三部分为文件创建者；第四部分为当前文件的日期；第五部分为文件阶段标识，用于版本管理。规范的文件命名满足了沟通的需要，可以让对方一眼明白文件的主题。另外，在开发的过程中，对于需要出具的报告或者其他编制的文件可统一放入名为"模板文件"的文件夹，存储于根目录下，便于多次重复运行程序。

（3）流程步骤命名。

流程步骤命名根据所开发项目的财务工作流程的主要特点，能够清晰明了地表达出各模块所处理的业务或是所实现的功能。了解业务目的、业务实际工作流程以及行业领域的专业术语后，结合行业背景，既可以根据业务需求命名开发步骤，也可以根据业务功能命名，同时要考虑到业务逻辑以及所需的业务数据。例如财务指标分析机器人的自动化流程，按照财务工作功能大致可分为财务数据获取、财务数据汇总、财务指标计算、财务指标分析四个步骤。

（4）文件格式规范。

财务工作使用最多的软件就是 Excel，因为列表是对数据最直观的展现，在表格内进行快速编辑、合并单元格、汇总统计、上下排序等都是机器人可以快速实现的功能。财务工作涉及大量数据处理，结构化的表格设计显得尤为重要。表格设计既要体现关键工作表数据，又要注意中间表所起的数据转移作用。设计财务工作表格需要根据实际工作需求，同时考虑机器人运行的情况。项目开发人员需要根据对财务工作需求的理解，详细设计业务模块，并设计出详细文档。

（5）操作日志规范。

操作日志是财务机器人在运行过程中根据项目情况对关键操作的记录，具备可回溯性，能够抓取问题现场信息，指引开发人员查找错误，定位问题。操作日志记录点一般设置在重要功能、敏感信息以及人机协作处，主要考虑易出错的消程节点，要做到尽可能细致，但重点在记录行为上。例如，记录运行的频繁程度以及出现异常最多的地方。基于 UiBot 的财务机器人支持查看运行日志，进入机器人列表页面，点击"查看日志"即可查看。

（6）信息提示规范。

财务机器人的每一个状态与操作，尽量采用右下角弹窗的形式，使用户清晰地知道当前机器人的状态与需要进行的操作。为了避免人为操作失误，引起不必要的异常，财务机器人在自动运行时，需要在屏幕顶部写屏提示用户"机器人正在运行中，请勿使用鼠标和键盘！"UiBot 可以针对各种办公软件，如对 Excel、Word 等文档进行操作，并给用户相关的提示信息。

（7）代码注释。

代码注释包含财务流程的注释、每个活动的注释以及业务逻辑的注释。

（8）配置信息。

项目所需要的配置信息应存储到配置文件中。用户账号和密码需要存储到服务器端，需要经常修改的信息也可以存储到服务器端。

（9）版本控制。

版本控制是对财务机器人开发过程中的各种程序代码、配置文件、说明文档等文件变更的管理。有了版本控制系统，设计人员可以浏览所有开发的历史记录，掌握开发进度，而且可以轻易地回滚到之前的版本。除此之外，设计人员还可以通过分支和标签的功能来发布不同版本的软件，例如稳定版本、维护版本和开发中的版本。多人协作开发时，尽量进行模块化开发，为不同的模块开发分配不同的开发节点，尽量不要修改同一个文件。

（10）异常捕获。

财务机器人的运行需要拥有完善的异常捕获机制，包含系统异常和业务异常，并记录异常信息和截屏。

在财务机器人开发过程中，开发人员可以依靠自身的编程技能和经验来提高代码的质量，可以通过代码审查来辅助完成，对于经验不足的开发人员所编写的代码，需要通过专门的代码检查环节进行审核，并提出改善意见。

7.2.3　开发流程

财务机器人的开发过程通常是依据方案设计文档（SDD）中的设计成果，在整体架构设计的要求下，一步一步将业务流程步骤转化为自动化脚本、流程图或者自动化程序。对于 SDD 文档中不能清晰表达的业务操作过程，开发人员还需要邀请具体财务人员直接参与到财务机器人的开发过程中，以明确告知开发人员每个步骤的业务目的和处理方式。由于财务机器人项目的敏捷特征，财务机器人的设计人员和开发人员通常是在同一个工作小组，甚至是同一个人，从而节省了从设计到开发过程中的沟通时间。

在财务机器人实际开发过程中，开发人员经常会遇到之前流程分析过程中所没有考虑到的情况，比如某个界面元素抓取不到，或是自动化操作不成功（手动操作成功），这就需要财务机器人开发人员临时转换思路，换一种技术手段来实现自动化处理。这些技术手段通常与机器人程序运行的稳定性有关，通常需要在开发过程中尝试那些稳定性更高的技术。如果按照自动化程序运行稳定性排序，由强到弱依次为捕获界面控件、快捷键操作、界面图像比对、界面坐标定位。如果各种自动化技术手段都无法解决这个技术障碍，那么就需要与该财务流程的负责人沟通，寻求业务层面的解决方案。

财务机器人开发人员可以采取循序渐进、多次迭代的方式来实现财务机器人代码的开发，这也符合敏捷开发的指导思想，其开发流程见图 7-8。

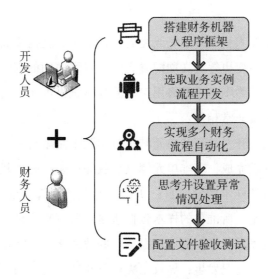

图 7-8　财务机器人的开发流程

财务机器人开发流程步骤及其具体内容如下：

①搭建整个财务机器人程序框架。编写代码前，先开发主辅程序的调用方式、配置文件的读取方式、预处理、中间处理和后续处理等环节，并预留异常处理和程序补偿机制的处理环节。

②以财务流程中某个业务实例的正常处理过程为基础来开发财务机器人程序。将业务数据以常量的方式来表达，这样可以快速发现该流程中所需要的自动化技术，以及存在的技术障碍点，便于尽快寻找解决方案。

③当正常处理流程可以自动化运行之后，按照业务处理要求，在财务机器人程序中加入必要的循环处理、分支处理，并将原来程序中的业务数据常量转换为参数变量。这样，多个财务流程就可以实现自动化了。

④在满足了正常情况的自动化处理之后，开发人员需要在财务机器人程序中增加必要的日志跟踪和异常处理。异常处理需要覆盖可能出现的业务异常情况和系统异常情况，并设计相应的 RPA 补偿机制。这样，在财务机器人重启后就不会影响之前的操作成果。虽然这些异常情况在实际运行中很少出现，但在财务机器人程序开发过程中却要花费大量的精力去设计。也就是说，不得不利用80%的开发时间来处理那些只有20%概率发生

的异常情况。

⑤当财务机器人程序开发完成之后，开发人员就需要为将来可能存在的横向扩展、环境变更等定义项配置文件，将程序中的部分参数改为读取配置文件的方式，为下一步最终用户的验收测试做准备。这个过程和传统的自动化测试开发非常相似。

财务机器人的开发过程和单元测试过程几乎是融合在一起的，一边开发一边测试，开发完成，基本单元测试也就完成了。财务机器人开发人员需要基于一定量的样本数据对自己所编写的自动化脚本或程序进行测试。这里需要注意的是，所准备的样本数据应尽量贴近真实的业务数据，而且应具备可逆性或可重复性，避免在提交一些数据之后下次就再也不能重现之前的业务操作的情况发生，导致无法利用 RPA 技术，并反复地进行测试工作。这个测试过程和传统的自动化测试过程也是极其相似的。最后，开发人员完成一定规模的样本测试之后，就可以执行最终用户的验收测试了。

参考文献

[1] 陈虎，孙彦丛，郭奕，等. 财务就是 IT [M]. 北京：中国财政经济出版社，2017.

[2] 蒋方. 财务共享模式下财务机器人应用研究 [D]. 北京：首都经济贸易大学，2021.

[3] 刘莉. S 公司财务报销智能化优化研究 [D]. 昆明：云南师范大学，2021.

[4] 马晓昱. RPA 财务机器人在烟草企业数字化转型的应用 [J]. 财会学习，2022 (35)：37-39.

[5] 陈淑钗. 基于财务机器人的智慧财务建设理论研究 [J]. 全国流通经济，2022 (27)：150-153.

[6] 李思诗，蒋晨茜，罗艺恒，等. 基于 RPA 技术的财务机器人应用研究 [J]. 营销界，2022 (18)：110-112.

[7] 刘勤，李俊铭. 智能技术对会计实务的影响：文献回顾与分析 [J]. 会计之友，2022 (17)：16-22.

[8] 伍杰红. 财务机器人在企业账务管理及核算中的应用分析 [J]. 商讯，2022 (18)：50-53.

[9] 张楚. 财务机器人的特点、应用与财会人员的转型 [J]. 中国管理信息化，2022，25 (15)：83-85.

[10] 孔令君. 财务机器人在企业财务活动中的应用探讨 [J]. 中国市场，2022 (21)：173-175.

[11] 黄海滨. 试析信息化时代财务机器人对企业业财融合的影响

[J]. 中国总会计师，2022（06）：104-106.

[12] 高松. 财务机器人在财务共享的应用与实践：以 EY 公司为例 [J]. 国际商务财会，2022（11）：81-84.

[13] 俞可嘉. 中化国际财务机器人的应用效果评价及其优化策略研究 [D]. 南昌：江西师范大学，2022.

[14] 聂润朴. 财务共享模式下的 RPA 应用研究 [D]. 开封：河南大学，2022.

[15] 秦海波，曹莉，叶宜修，等. RPA 流程自动化技术分析 [J]. 自动化技术与应用，2022，41（05）：1-3，25.

[16] 葛小敏，许延明. 财务机器人发展趋势下财务人员何去何从 [J]. 合作经济与科技，2022（11）：99-101.

[17] 刘凡华. 基于 RPA 的 AGB 公司财务共享中心业务流程优化研究 [D]. 长春：吉林外国语大学，2022.

[18] 王立卫，刘翠侠，袁庆禄. 财务机器人的主要功能与应用实例分析 [J]. 中国管理信息化，2022，25（8）：62-66.

[19] 徐涵璐. 基于机器学习的 L 企业研发项目成本控制研究 [D]. 重庆：重庆理工大学，2022.

[20] 谷超. 基于 RPA 的财务共享中心业务流程优化研究 [D]. 沈阳：沈阳建筑大学，2022.

[21] 刘诗，崔海涛，李焕奇. 地区电网技术经济分析 RPA 程序的设计与实现 [J]. 东北电力技术，2022，43（2）：25-27.

[22] 毛红亚. 财务机器人在高校财务报账中的应用 [J]. 财富时代，2022（1）：83-84.

[23] 欧阳琴. 财务机器人背景下复合型会计人才培养模式探究 [J]. 浙江工贸职业技术学院学报，2021，21（4）：10-12.

[24] 吴江虹. 基于财务机器人背景下高职财务管理专业教学改革研究 [J]. 冶金管理，2021（23）：161-162，164.

[25] 许慧欣. 财务机器人对会计人员的工作影响及其职业方向研究

[J]. 环渤海经济瞭望, 2021 (12): 140-142.

[26] 韩园. 基于 RPA 的 L 公司财务共享服务中心流程优化研究 [D]. 天津: 河北工业大学, 2021.

[27] 刘正邦. 基于自动化机器人的 V 公司财务中心业务流程优化研究 [D]. 上海: 上海外国语大学, 2022.

[28] 金雷. EHJ 集团财务信息系统优化研究 [D]. 武汉: 中南财经政法大学, 2021.

[29] 方新华. 财务机器人在代理记账行业的应用 [J]. 财会研究, 2021 (10): 57-62.

[30] 张影菡. 基于 RPA 的 G 集团 FSSC 业务流程优化研究 [D]. 上海: 上海财经大学, 2021.